utb 5603

Eine Arbeitsgemeinschaft der Verlage

Böhlau Verlag · Wien · Köln · Weimar
Verlag Barbara Budrich · Opladen · Toronto
facultas · Wien
Wilhelm Fink · Paderborn
Narr Francke Attempto Verlag / expert verlag · Tübingen
Haupt Verlag · Bern
Verlag Julius Klinkhardt · Bad Heilbrunn
Mohr Siebeck · Tübingen
Ernst Reinhardt Verlag · München
Ferdinand Schöningh · Paderborn
transcript Verlag · Bielefeld
Eugen Ulmer Verlag · Stuttgart
UVK Verlag · München
Vandenhoeck & Ruprecht · Göttingen
Waxmann · Münster · New York
wbv Publikation · Bielefeld
Wochenschau Verlag · Frankfurt am Main

Kompetent lehren
Herausgegeben von Sabine Brendel

Band XIII
Frank Linde/Nicole Auferkorte-Michaelis
Diversität in der Hochschullehre –
Didaktik für den Lehralltag

Frank Linde
Nicole Auferkorte-Michaelis

Diversität in der Hochschullehre – Didaktik für den Lehralltag

Verlag Barbara Budrich
Opladen & Toronto 2021

Die Autoren:

Prof. Dr. Frank Linde, Institut für Informationswissenschaft, TH Köln
Dr. Nicole Auferkorte-Michaelis, Zentrum für Hochschulqualitätsentwicklung, Universität Duisburg-Essen

Bibliografische Information der Deutschen Nationalbibliothek
Die Deutsche Nationalbibliothek verzeichnet diese Publikation in der Deutschen Nationalbibliografie; detaillierte bibliografische Daten sind im Internet über http://dnb.d-nb.de abrufbar.

Gedruckt auf säurefreiem und alterungsbeständigem Papier.

www.budrich.de

utb-Bandnr. 5603
utb-ISBN 978-3-8252-5603-6

Online-Angebote oder elektronische Ausgaben sind erhältlich unter www.utb-shop.de.

Satz: Susanne Albrecht, Leverkusen
Umschlaggestaltung: Atelier Reichert, Stuttgart
Titelbildnachweis: pixabay, Gerd Altmann
Druck und Bindung: Pustet, Regensburg
Printed in Germany

Inhalt

Vorwort		7
1	Einleitung	9
2	Meine Lehre und ich	11
2.1	Wie ticke ich als Lehrperson? 5 Lehrperspektiven	12
2.1.1	Transmission	15
2.1.2	Apprenticeship	16
2.1.3	Developmental	18
2.1.4	Nurturing	20
2.1.5	Social Reform	22
2.2	Lehrperspektiven und Lehr-Lernsettings	24
3	Was Lernen behindert	27
3.1	Beeinträchtigungen und Barrieren im Studium	28
3.2	Stereotype Threat	33
4	Begriffliche Klärungen	37
4.1	Heterogenität & Diversität	37
4.2	Inklusion	39
5	Diversität in Hochschulen: Das HEAD Wheel	41
6	Mehrebenen-Ansatz des Umgangs mit Diversität in der Lehre	48
7	Diversitykompetenz von Lehrenden	51
7.1	Diversitykompetenz als Strukturmodell	51
7.2	Diversitykompetenz als Entwicklungsmodell	54
8	Lehren planen mit Diversity-Check	62
8.1	Learning Outcome orientierte Planung von Hochschullehre (LOOP)	62

8.2 Beispiel einer Veranstaltungsplanung mit Diversity Check 66
9 Lehre gestalten: Diversität inklusive 73
9.1 Instruktionsorientiert lehren: die Vorlesung 73
9.1.1 Lehrvorträge halten 75
9.1.2 „Storytelling“: Lehren mit der Leiter des Erzählens 78
9.2 Aktivierend und interaktionsorientiert lehren: Gruppen anleiten und begleiten 81
9.2.1 Diversität in Gruppen: Erkenntnisse der Gruppenforschung in Organisationen 83
9.2.2 Entstehung von Gruppen – einander fremd sein 90
9.2.3 Orientierung in der Gruppe – seine Rolle finden 95
9.2.4 Vertrauensvoll zusammenarbeiten – sich dazugehörig fühlen 101
9.2.5 Unterschiedlichkeit zulassen – anders sein dürfen und doch dazugehören 105
9.2.6 Die gemeinsame Arbeit abschließen – sich trennen 109

10 Lernerfolge (über-)prüfen: Inclusive Assessment 111

11 Digital divers – divers digital? 117
11.1. Digitale Tools in Lehr-Lernsettings 119
11.2 Bevor es losgeht: Feed_In 122
11.3 Nicht zuletzt: Asynchrone Selbstlernphasen empfohlen! 128

12 Nachwort: Weiter geht's … 130

13 Literaturverzeichnis 131

Vorwort

Offene Hochschule, große Studierendengruppen, Studierende aus verschiedenen sozialen Milieus, aus unterschiedlichen Herkunftsländern, mit hoch diversen Bildungsbiographien und Schul- wie Berufsabschlüssen. Dies war schon vor den aktuellen Problemen – der pandemiebedingten Umstellung der Lehre von Präsenz- auf digitale Lehre – eine große Aufgabe für viele Lehrende.

Da kann man oder frau schon denken: „Wie soll ich denn unter diesen herausfordernden Umständen auch noch so lehren und beraten, dass es unterschiedlichen Lernenden gerecht werden kann?!" Diese Vorstellung mag vielleicht gar ein Gefühl von Überforderung hervorrufen.

Genau an dieser Stelle bietet das vorliegende Werk jedoch *keine* Überforderung, sondern eine Entlastung an, denn dessen Grundaussage ist eindeutig: Durch eine bewusste(re) Gestaltung von Lehr-Lern-Interaktionen können nicht nur einzelne, spezifische Gruppen von Studierenden erreicht werden, sondern die so gestaltete Lehre wird *allen* Studierenden in ihrer Unterschiedlichkeit (biographischer Hintergrund, Lernstile, soziale oder regionale Herkunft, körperliche oder psychische Beeinträchtigungen, differente Geschlechter etc.) gerecht. Darüber hinaus ist sie studierendenzentriert und fördert die Aktivität der Studierenden, sie bringt somit auf Seiten der Lehrenden wie der Studierenden Abwechslung in die Lehre und fördert vielfältige und sicher auch immer wieder überraschende Ergebnisse.

Dazu bieten die Autor*innen Verschiedenes an: Im ersten Teil liefern sie Definitionen von häufig benutzten Begriffen und bringen damit Klarheit in die Debatte über „Inklusion", „Heterogenität" und „Diversität"; sie öffnen den Lesenden die Augen dafür, was Lernen in tertiären Bildungseinrichtungen behindern kann, erläutern dazu passende pragmatische Modelle und beschreiben, was unter „Diversitätskompetenz" von Lehrenden zu verstehen ist. Auf dieser breiten theoretischen Grundlage stellen sie im zweiten Teil Instrumente für die Umsetzung in eine diversitätsgerechte Lehre vor, angefangen von der diversitätsgerechten Planung über die entsprechende Gestaltung bis hin zu einer entsprechenden, diversitätsgerechten Durchführung von Prüfungen.

Auch hier ist klar: Das Buch mit all seinen Definitionen, Beschreibungen, Modellen und Instrumenten richtet sich an unterschiedliche Leser*innen und bietet diesen eben auch Verschiedenes an. Die eine sucht nach klaren Definitionen, der andere nach pragmatischen Modellen oder konkreten Hinweisen und weiterführenden Tipps zu einer diversitätsgerechten Durchführung von Lehre: So vielfältig wie die Leser*innen sind, so heterogen sind die Angebote, welche die beiden Autor*innen ihren Lesenden anbieten. Denn neben der breiten Auffächerung und gründlichen Behandlung des gesamten Themas – diversitätsgerechte Gestaltung von Lehre – fokussiert jedes Kapitel einen bestimmten Aspekt, der auch für sich gelesen werden kann.

Also: Stöbern Sie, verschaffen Sie sich durch die gesamte Lektüre einen breiten Überblick oder suchen Sie sich das heraus, was Sie am meisten interessiert. Auf jeden Fall bitte ich Sie: lassen Sie sich von Ihrer Neugierde und den vielen Anregungen, die präsentiert werden, verführen!

Dr. Sabine Brendel
Berlin, im Januar 2021

1 Einleitung

Das vorliegende Buch richtet sich an Lehrende, die sich für (Hochschul-)Didaktik interessieren. Geleitet von dem Wunsch, dass die eigene Lehre alle Studierenden erreichen soll, befassen sich Lehrende mit hochschuldidaktischen Konzepten. Wohlwissend, dass Studierende alle unterschiedlich sind, entstehen daraus Ideen für eine diversitätsgerechte Didaktik. Der Titel „Diversität in der Hochschullehre – Didaktik für den Lehralltag" weist darauf hin, dass wir davon überzeugt sind, dass Lehrende der Diversität von Studierenden mit der bewussten Gestaltung von Lehr-Lern-Interaktionen konstruktiv begegnen können. Mit diesem Buch möchten wir Sie bei der Weiterentwicklung Ihrer eigenen didaktischen Konzepte für die Gestaltung von Lehrveranstaltungen unterstützen.

Mit dem Bologna-Prozess hat der „Shift from Teaching to Learning" (grundlegend Barr & Tagg 1995) Einzug in die Diskussion über die Weiterentwicklung von Studium und Lehre an Hochschulen gehalten. Im Vordergrund dieser Entwicklung stehen dabei Konzepte des selbstgesteuerten, autonomen oder auch forschungsorientierten Lernens. Ihnen ist gemein, dass die Lehrperspektive in den Hintergrund tritt und die Aktivität der Studierenden und ihre eigene Verantwortung für das Lernen in den Mittelpunkt gerückt werden. Die Beachtung der Lernendenperspektive ist die Grundvoraussetzung für diversitätsgerechte Didaktik. Zusätzlich zu dieser (Lern-)Prozessperspektive tritt der Blick auf die Lernenden selbst im Sinne einer Ermächtigung (Empowerment) zur aktiven Teilhabe hinzu.

Sie werden bei der Lektüre entdecken, dass Ihnen viele Aspekte des diversitätsgerechten Lehrens und Lernens nicht nur bekannt vorkommen, sondern bereits Bestandteil Ihrer Lehre sind. Wir würden uns freuen, wenn es Ihnen gelänge, noch bewusster weitere Elemente zu integrieren oder auch ganz neue Ideen zu entwickeln.

In einem ersten Schritt richten wir den Blick auf Sie als Lehrende selbst, auf Ihre Grundhaltung(en) zum Lehren und Lernen. Ziel dieser Auseinandersetzung ist es, neue Perspektiven auf das Lehren und Lernen zu entwickeln (Kap. 2). Ein anschließender konzentrierter Blick auf das, was Lernen behindert (Kap. 3), führt über begriffliche Klärungen hin zu einer **H**igher **E**ducation **A**wareness for **D**iversity, dargestellt im sogenannten HEAD Wheel (Kap. 4 und 5). Danach wird im Mehrebenen-Ansatz erläutert, wie man mit Diversität in der Lehre konkret umgehen kann (Kap. 6). Was Diversitykompetenz ausmacht (Kap. 7), wie man sie für den Lehralltag (weiter-)entwickeln kann und hierfür hilfreiche hochschuldidaktische Gestaltungselemente einsetzt, ist Bestandteil der zweiten Hälfte des Buches (Kap. 8 und 9). Dieser Teil schließt ab mit Ausführungen zur diversitätsgerechten Gestaltung von Leistungsnachweisen (Kap. 10) sowie zu möglichen Barrieren und deren Überwindung mit digitaler Lehre (Kap. 11).

Wir arbeiten seit 2010 gemeinsam an einer Plattform für Kompetenzentwicklung für Studium und Lehre (www.komdim.de) und freuen uns, in diesem Buch unsere gesammelten hochschuldidaktischen Erfahrungen aufbereiten zu dürfen. Wir bedanken uns bei Henning Haschke und Christopher Großi für die wertvolle Unterstützung bei dieser Arbeit. Ganz besonders danken wir unseren beiden Hochschulen, der Universität Duisburg-Essen und der Technischen Hochschule Köln, sowie der Alfred Toepfer Stiftung, die uns ermöglicht haben, gemeinsam Ideen für das diversitätsgerechte Lehren und Lernen zu entwickeln, zu reflektieren und umzusetzen. Wir arbeiten als gleichwertige Autor*innen, deshalb haben wir entschieden, unsere Namen in gemeinsamen Publikationen statt immer alphabetisch, in wechselnder Reihenfolge zu nennen.

2 Meine Lehre und ich

Eine ganz zentrale Aussage im Diversity Management lautet: „Diversity is an inside Job“. Beim Umgang mit Diversity geht es nicht um den oder die Anderen, sondern um einen selbst, die eigenen Einstellungen, Überzeugungen und Erwartungen gegenüber anderen (Gardenswartz & Rowe o.J.). Daher beginnen wir mit der Klärung des eigenen Selbstverständnisses als Lehrende*r. Die eigene Rollen- und Perspektivenvielfalt bildet die Grundvoraussetzung für eine diversitätsgerechte Planung und Gestaltung von Lehr-Lernprozessen. Bestandteile dieser grundlegenden Perspektiven auf die eigene Lehre sind die persönlichen Standards für gute Lehre, also die Vorstellung darüber, was und wie Lernende von, bei und mit dem oder der Lehrenden lernen. Die Bewusstwerdung eigener Perspektiven und der eigenen grundlegenden Einstellung demgegenüber, was wichtig ist von den Studierenden gelernt zu werden, ist der allererste Teil jeder Veranstaltungsplanung.

Daniel D. Pratt (1992, 1998) hat hierzu empirisch international geforscht. Profilvergleiche von mehr als 100.000 Lehrenden aus über 100 Ländern (Collins & Pratt 2011) haben folgendes gezeigt: Lehren ist ein komplexes und vielschichtiges Unterfangen. Es ist geprägt von allgemeinen Überzeugungen (Beliefs), bestimmten Absichten in einzelnen Lehrsituationen (Intentions) und konkreten Lehrhandlungen (Actions). Obwohl sich diese individuell sehr deutlich unterscheiden können, gibt es fünf relativ stabile sogenannte „Teaching Perspectives“, die Lehrende mit Blick auf das Lehren und Lernen einnehmen:

> A perspective on teaching is an inter-related set of beliefs and intentions that gives direction and justification to our actions. It is a lens through which we view teaching and learning. We may not be aware of our perspective because it is something we look through, rather than look at, when teaching. (Pratt 2002, 6)

Auf Basis seiner Forschung entwickelte Pratt ein Online-Tool zur Bestandsaufnahme der eigenen Lehre, das Teaching Perspectives Inventory. Es hilft, die eigenen Lehr-Lernperspektiven zu entdecken und dabei zu verstehen, wie die eigenen Einstellungen, Absichten und konkreten Handlungen zusammenspielen und daraus ein Profil des eigenen Lehrhandelns entsteht. Diese Perspektiven können variieren, weil sie vom Lehr-Lernsetting, also Thema und Ziel der Veranstaltung, Zusammensetzung der Studierendengruppe etc. abhängen. Daher ist es hilfreich, sich selbst immer anhand konkreter Lehrveranstaltungen zu positionieren. Pratt (2002, 6) unterscheidet sehr klar zwischen Perspektiven und Methoden und betont, dass Methoden wie Lehrvorträge, das Stellen von Fragen oder auch Diskussionen, recht universell sind und in verschiedensten Settings eingesetzt werden können. Entscheidend ist immer, *wie* sie von der Lehrperson verwendet werden und *mit welchem Ziel*. Wenn das einbezogen wird, spricht man über verschiedene Perspektiven auf Lehre, die Lehrende einnehmen können. Weil dies für ein Grundverständnis zum Umgang mit Diversität eine wichtige Basis darstellt, werden die von Pratt entwickelten fünf verschiedenen Perspektiven im Folgenden genauer erläutert.

2.1 Wie ticke ich als Lehrperson? 5 Lehrperspektiven

Pratt & Smulders et al. (2016) arbeiten zur Darstellung der verschiedenen Lehrperspektiven mit einem Modell, das aus mehreren Bausteinen besteht, die – je nach Perspektive – in eine andere Konstellation zueinander treten. Werfen wir zunächst einen Blick auf das Grundmodell: Wie aus der pädagogischen Literatur als didaktisches Dreieck gut bekannt, sehen wir auch hier die Dreiecksbeziehung von Lehrenden – Lernenden – Inhalten. Perspektiven werden hier als eine Art Brille beschrieben, durch die wir schauen.

Im Zentrum des Modells stehen Ideale, d.h. die Werte, Überzeugungen und übergeordneten Intentionen für das Lehren und Lernen, die Lehrpersonen haben. Lehrende, Lernende und Inhalte bilden in diesem Modell ein Beziehungsdreieck. Lehrende treten in verschiedenen möglichen Rollen, z.B. als Lehrende, Beratende, Prüfende mit Studierenden in Kontakt (Y). Dazu ist es für sie wichtig zu wissen, wer diese Studierenden sind. Lehrende stehen für die Inhalte, die sie anbieten (Z) mit dem Ziel, dass auch die Studierenden sich mit ihnen befassen (X). Umgeben wird das Ganze von den Rahmenbedingungen, dem Kontext, der einen wichtigen Einfluss auf die Lehre hat. Zu denken ist hier z.B. an das Curriculum, Gruppengrößen, räumliche Verhältnisse oder die zeitliche Lage der Veranstaltung.

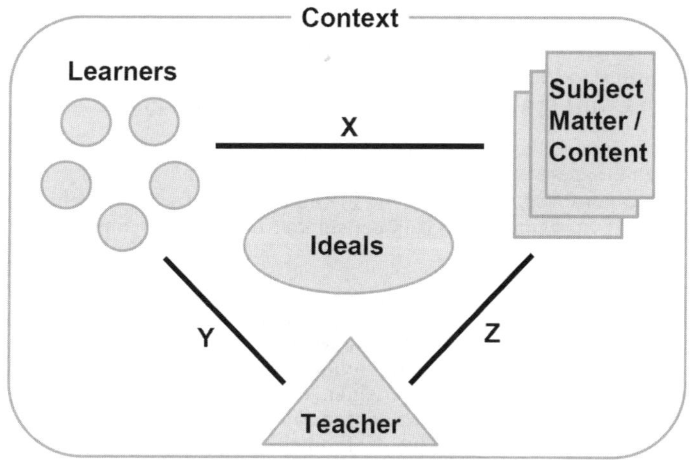

Abb. 1: Grundmodell des Lehrens und Lernens
Quelle: In Anlehnung an Pratt & Smulders et al. 2016, 5.

Die fünf grundlegenden von Pratt & Smulders et al. (2016) entwickelten Perspektiven von Lehrenden können sich an der Stoffvermittlung im Sinne der Wissensweitergabe (Transmission), der praktischen Ausbildung von Studierenden (Apprenticeship), ihrem Entwicklungsprozess (Development), an deren sozio-emotionalem Wachstum (Nurturing) oder auch an der Entwicklung gesellschaftlicher Verantwortung als sozial-reformerischem Anliegen (Social Reform) ausrichten.

Ganz besonders hervorgehoben werden muss noch eine Besonderheit der Arbeit von Pratt mit den fünf Perspektiven: Es findet keine Wertung statt! Keine der Perspektiven wird als besser oder sogar beste empfohlen. Alle haben ihre eigenen Herausforderungen und auch Stärken.

> Each perspective can represent effective teaching and each perspective can represent poor teaching. No perspective is inherently better than any other perspective. Perspectives are a blend of personal philosophy (beliefs and intentions) and situational circumstances. [...] However, what matters most is not which perspective fits in what setting. Rather, the question is whether we can help people improve their teaching without having to change their perspective on teaching. (Collins & Pratt 2011, 375f.)

Pratt geht an anderer Stelle sogar noch weiter und fordert eine Pluralität an Perspektiven auf Lehre, die die bestehende Diversität im Lehr-Lern-Kontext anerkennen und wertschätzen:

> What is needed [...] is a plurality of perspectives on teaching that recognize and respect a diversity of teachers, learners, content, context, ideals, and purposes, in content and in context, and should, therefore, be pluralistic in regard to what is considered effective teaching. (Pratt & Smulders et al. 2016, 4)

Sie sind eingeladen, sich jede dieser Perspektiven genauer anzusehen und zu prüfen, wie gut sie jeweils zu Ihnen passen. Es geht nicht darum, die eine zu finden, die die Ihrige ist, sondern eher einen Mix aus vermutlich zwei oder drei Perspektiven zu entdecken, die Ihnen für Sie passend erscheinen. Eine ausführlichere Darstellung finden Sie in Pratt & Smulders et al. (2016) sowie in Form eines Tests mit viel Begleitmaterial online.

Teaching Perspective Inventory:
http://www.teachingperspectives.com/tpi/

Wir stellen die fünf Perspektiven nun in Kurzform im Einzelnen vor. Zu jeder Perspektive gibt es eine Typisierung der Lernenden, ein dazu passendes Verständnis, wie Lernen funktioniert, verbunden mit Lehrkonzepten und Methoden sowie entsprechende Herausforderungen, denen Lehrende in dieser Perspektive gegenüberstehen (vgl. zu den im nächsten Abschnitt folgenden Kurzdarstellungen Pratt 2002 in Verbindung mit Pratt & Smulders et al. 2016, 45ff.).

2.1.1 Transmission

Die Perspektive der Transmission von Wissen ist die älteste und traditionellste im Hochschulbereich. Kennzeichnend ist die starke Verankerung der Lehrenden in den fachlichen Inhalten.

Wie in Abbildung 2 durch den Pfeil gut erkennbar, versucht der/die Lehrende die Lernenden über die Inhalte zu erreichen. Für Lehrende mit dieser Perspektive ist es daher essenziell, ihr Fach bestmöglich zu beherrschen (Linie Z). Passend erscheint hierfür das Bild von Lernenden als Gefäßen, die mit Wissen zu füllen sind, das sich in Texten oder den Köpfen der Lehrenden befindet. Deshalb gilt es für die Lehrenden, die relevanten Wissensbestände und Denkweisen möglichst effizient und effektiv weiterzugeben.

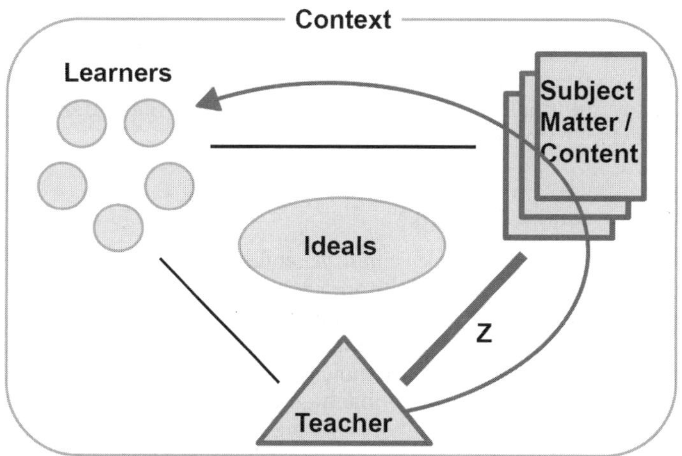

Abb. 2: Transmission Perspective
Quelle: In Anlehnung an Pratt & Smulders et al. 2016, 49.

Der Lernprozess wird als additiv gesehen. Er sollte möglichst gut strukturiert sein, um eine Überlastung der Lernenden zu vermeiden. Damit Lernende die seitens der Lehrenden autorisierten Inhalte möglichst gut aufnehmen können, sind klare Learning Outcomes zu formulieren, gut organisierte Veranstaltungen anzubieten, die mit den Grundlagen beginnen und sich im Tempo auf die Lernenden einstellen, Fragen zu klären, Missverständnisse aus dem Weg zu räumen und Fehler zu beseitigen, Zusammenfassungen und Wiederholungen sowie geeignete Quellen anzubieten und möglichst objektive Leistungsstandards zu nutzen. Lehrende mit dieser Perspektive bringen häufig sehr viel Engagement und große Begeisterung für ihr Fach mit, wodurch sie die Studierenden gewinnen.

Typische Schwierigkeiten, mit denen sich Lehrende mit der Perspektive von Transmission konfrontiert sehen, ist, dass sie in ihrer Lehre selbst sehr hohe Redeanteile haben und sich sehr auf die Inhalte konzentrieren, anstatt sich den Lernenden und deren Lernprozessen zu widmen. Fragen oder auch Antworten von Lernenden sind oft Anstoß für weitere Ausführungen seitens der Lehrenden. Häufig fällt es ihnen schwer, mit Studierenden umzugehen, die die Logik der Inhalte nicht begreifen. Darunter leidet die Fähigkeit vorauszusehen, wann und warum Lernende Probleme mit dem Verstehen und der Verarbeitung der Inhalte bekommen könnten. Auch fällt es Lehrenden mit dieser Perspektive häufig schwer, die Inhalte in Verbindung mit Problemen aus der realen Welt zu setzen, um diese lebendig zu machen.

2.1.2 Apprenticeship

Die Perspektive der (praktischen) Ausbildung („Apprenticeship“) ist vor allem denjenigen Lehrenden bekannt, die selbst eine berufliche Ausbildung oder auch längere Phasen in der betrieblichen Praxis durchlaufen haben. Lehrende, die die (praktische) Ausbildung als ihr übergeordnetes Ziel betrachten, halten es für das Beste, die Lernenden beobachten zu lassen, wie sie Tätigkeiten aus- bzw. vorführen, welche sie sich aneignen sollen. Sie sind leidenschaftlich davon überzeugt, dass Lehren und Lernen dann am effektivsten ist, wenn man an authentischen Fällen in der realen Praxis des Ausbildungsgebiets arbeitet. Daher handelt es sich beim Vermittlungsprozess um eine Kombination aus Demonstration, Observation und angeleiteter Praxis, bei der die Lernenden allmählich mehr und mehr Tätigkeiten selbst übernehmen. Der Kerngedanke dieser Lehr-Lernperspektive ist es, dass Lernende an echten, authentischen Problemen und Fragestellungen in möglichst realen Settings (Projektarbeiten, Simulationen) arbeiten sollten.

Die Erwartung an sich selbst als Lehrende*r ist es, das Wissen und die Werte ihrer Community of Practice zu verkörpern und deren Einsatz vorzuleben. Was sie wissen – und weitergeben wollen – kann nicht authentisch gelernt werden, wenn es abstrahiert oder fern vom Anwendungsfeld, dem Kontext, gelehrt wird. Der Kontext, sei es die Hochschule oder die Arbeitsstätte, gewinnt dadurch sehr an Bedeutung, denn er bestimmt die Wirklichkeitsnähe des Raums, in dem Lernen stattfindet. In Abb. 3 wird dies durch die hervorgehobene Umrandung (Context) deutlich und die Verschmelzung der/des Lehrenden mit den Inhalten.

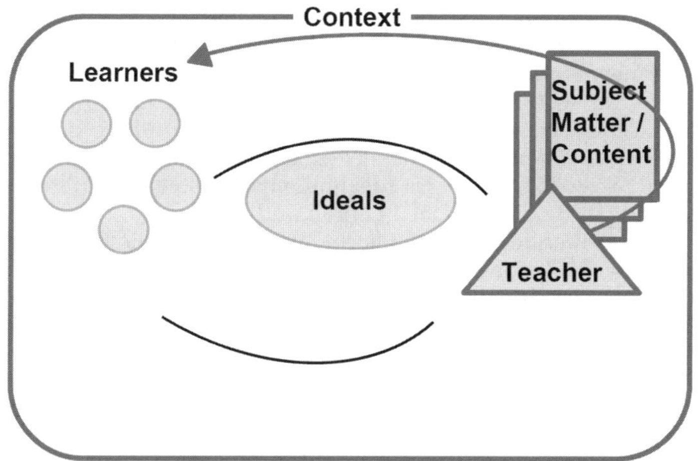

Abb. 3: Apprenticeship Perspective
Quelle: In Anlehnung an Pratt & Smulders et al. 2016, 53.

Als Bild für die Lernenden könnte das des „Outsiders" passen, der/die Ausbildung und Training braucht, um in der Praxis handlungsfähig, also kompetent, zu werden. Es geht dabei aber nicht nur um den Aufbau kognitiver Strukturen oder die Entwicklung bestimmter Fertigkeiten, sondern um eine umfassende Transformation der Identität der Lernenden, indem sie Sprache, Werte und Praktiken einer bestimmten sozialen Gruppe – eben der Community of Practice (Wenger 1998) – annehmen. Lernende bewegen sich in diesem Verständnis als Anfänger*innen oder Neulinge von der Peripherie hin zum Zentrum dieser Community of Practice als erfahrene Mitglieder oder Expert*innen. Lernen ist hier ein Prozess der Enkulturation und Wissen ein gemeinsames Konstrukt, das durch Partizipation in der Community entsteht. Es geht also immer um Kompetenzentwicklung und soziale Identität in Bezug zu anderen Mitgliedern der Community of Practice.

Lehrende haben bei diesem Verständnis dafür zu sorgen, dass Lernende an Aufgaben arbeiten, die für die Community möglichst relevant und bedeutsam sind. Dazu können die Arbeiten bzw. Aufgaben vereinfacht und aufgeteilt werden, so dass ein Voranschreiten der Studierenden von einfachen, eher marginalen hin zur Lösung von komplexen, zentralen Aufgaben - sogenanntes Scaffolding - ermöglicht wird. Lehrende haben dabei die Verantwortung, richtig einzuschätzen, wo die Lernenden aktuell stehen, was sie als Lehrende tun können und wo die Studierenden Anleitung brauchen („Zone of Proximal Development“, Vygotsky 1978). Im Idealfall entsteht so ein unmittelbar passfähiger Bezug zwischen Lehren und Lernen.

Für Lehrende ist es nicht leicht, immer die für die Lernenden passende Begleitung anzubieten. Benötigen diese anfangs noch sehr viel Unterstützung, beginnen häufig sogar erst einmal mit der Beobachtung des/der Expert*in, besteht die Kunst darin, die Hilfen als Lehrperson abhängig vom Lernfortschritt der Studierenden immer weiter zurückzuschrauben, bis die Lernenden selbstständig arbeiten können. Eine andere große Herausforderung liegt darin, je nach Fähigkeitenlevel der Studierenden passende und gleichzeitig authentische Aufgaben für die Lernenden anzubieten. Lehrende sehen sich zudem häufig mit dem Dilemma konfrontiert, zwar zu wissen, wie etwas gemacht wird, es aber nur schlecht in Worte kleiden zu können. Denn je länger man im Feld gearbeitet und Routinen oft unbewusst entwickelt hat, desto schwerer fällt es, diese Dritten gegenüber zu explizieren.

2.1.3 Developmental

Vorrangiges Ziel der - an (nordamerikanischen) Hochschulen (Ambrose et al. 2010) am weitesten verbreiteten - Entwicklungsperspektive auf Lehren und Lernen ist es, nach und nach komplexere und anspruchsvollere Denk- und Problemlösungsmuster in einem Fachgebiet zu erwerben, welche mit dem eigenständigen Nachdenken über Inhalte verbunden sind.

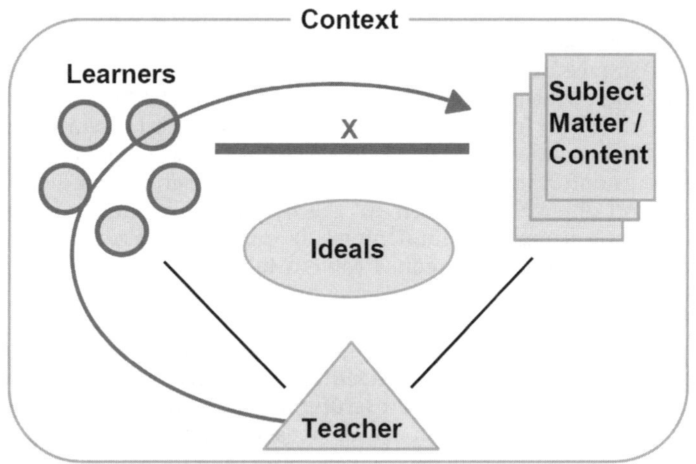

Abb. 4: Developmental Perspective
Quelle: In Anlehnung an Pratt & Smulders et al. 2016, 58.

Anders als in den beiden vorangegangenen Perspektiven geht hier der Pfeil vom Lehrenden über die Lernenden zu den Inhalten. Letztere treten bei dieser Perspektive in den Hintergrund und es findet eine Verschiebung des Fokus von einer möglichst authentischen Repräsentation der Inhalte hin zu den Lernenden und ihren Lernprozessen statt. Man geht davon aus, dass diese eine je eigene Sicht auf die Welt haben, mit individuellen kognitiven Landkarten (cognitive maps), die ihre Interpretationen leiten. Deutlich wird dies durch die Linie X, die anzeigt, dass die Lernenden eine eigenständige Beziehung zu den Inhalten aufbauen müssen und die Lehrenden sie nur indirekt beeinflussen können.

Als Metapher kann der Computer herangezogen werden. Es geht darum zu erkennen, wie die Lernenden „programmiert" sind, wie sie denken und mit welchen Überzeugungen sie sich den Inhalten annähern. Von dort ausgehend werden Brücken gebaut zu passfähigeren Denkmodellen und Problemlösungsstrategien. Werden Lernende mit neuen Inhalten konfrontiert, versuchen sie diese mit den bestehenden Landkarten zu verarbeiten. Im Falle der Passung werden die bekannten Strukturen verstärkt. Wenn es zu Dissonanzen kommt, wird das Neue entweder zurückgewiesen oder es kommt zu einem Umbau der bisherigen Denkmuster.

Aufgabe der Lehrenden ist es in dieser Perspektive, die bestehenden Muster immer wieder zu irritieren und herauszufordern, um nicht lediglich die Wissensbestände der Lernenden zu erweitern, sondern ihre Denkprozesse zu verändern. Ganz zentral ist es dafür, möglichst gut über das Vorwissen der Studierenden und deren Sichtweisen auf die neu zu erlernenden Gegenstände informiert zu sein. Unterstützung für den Erwerb neuer Denkweisen bieten Fragen, Problemstellungen oder Fälle, die dem Verständnisniveau angemessen sind, sowie die Verwendung von Beispielen, an die sich leicht anknüpfen lässt.

Lehrende, die aus der Transmissionsperspektive kommen und sich im Sinne einer Entwicklungsperspektive verändern wollen, wissen um die Herausforderung, gute, gehaltvolle Fragen zu entwickeln, über die man wirklich nachdenken und bei denen man auch die entsprechende Zeit dafür einräumen muss. Das nachdenkende Schweigen auszuhalten, Lösungen nicht anzubieten, obwohl man sie im Kopf hat und die Lernenden Antworten selbst herausfinden zu lassen, erfordert einiges an Geduld. Weniger (Erklärung) kann oft mehr (Lernen) sein. Um solche Arten von Veränderungsprozessen wirklich abzuschließen, bedarf es auch geeigneter Prüfungsformen. Sie dürfen nicht in die Wiedergabe von Wissen münden, sondern müssen zeigen, dass Studierende anders denken, also z.B. reflektieren, analysieren oder begründen können.

2.1.4 Nurturing

In der Förderungsperspektive des „Nurturing" tritt die Beziehung zwischen Lehrenden und Lernenden in den Vordergrund. Es geht mehr um das Herz als den Kopf. Lernende sollen mit Selbstvertrauen an die Arbeit gehen und die Gewissheit haben, dass es auf ihr Bemühen ankommt und nicht auf das (willkürliche) Wohlwollen der Lehrenden und dass ihre Anstrengungen von Lehrenden und Peers unterstützt werden. Motivation und

Produktivität entsteht bei Lernenden, wenn frei von Versagensängsten gearbeitet werden kann. In Abbildung 5 wird dies durch den Pfeil verdeutlicht: Eine gute Beziehung zwischen Lernenden und Lehrenden (Linie Y) soll die Lernenden ermutigen, sich auf die Inhalte einzulassen.

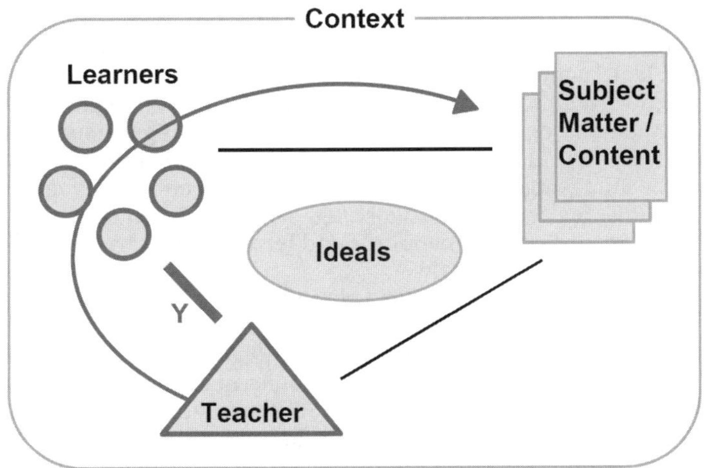

Abb. 5: Nurturing Perspective
Quelle: In Anlehnung an Pratt & Smulders et al. 2016, 61.

Viele Lernende bringen schlechte Erfahrungen aus vorangegangen Lernabschnitten, aus der Schule, der Berufsausbildung etc. mit, so dass als Bild das „verletzliche Selbst" passend erscheint. Es speist sich aus der Überzeugung, dass wenn das eigene Selbstkonzept in Bedrängnis gerät, Lernen blockiert oder sogar unmöglich gemacht wird.

Lehrende in dieser Perspektive sehen sich vornehmlich in der Pflicht, eine gute Balance zu finden zwischen Fürsorge und Ansporn. Dies kann gelingen, wenn sie ein vertrauensvolles Klima schaffen, in dem Lernende auf angemessene Ziele hinarbeiten können und dabei wahrnehmbare Unterstützung erfahren. Lehrende achten sorgfältig darauf, dass ihre Anstrengungen zur Stärkung des Selbstvertrauens und der Selbstwirksamkeit der Lernenden nicht dazu führen, dass akademische Ziele geopfert werden. Fürsorgende Lehrende sind sehr bemüht, ihre Studierenden besser kennenzulernen. Sie hören gut zu und gehen auf intellektuelle wie auch emotionale Bedürfnisse ein. Sie agieren sehr klar in wechselnden Rollen, u.a. als Lehrende, als Prüfende und als Beratende. Sie fördern und fordern und orientieren sich in ihrer Bewertung der Leistungen häufig auch am individuellen Fortschritt und nicht nur an absoluten Standards. Nicht, dass diese relativiert würden: Es geht darum, ihre Bedeutung klar zu machen, den Wert von Leistungsüberprüfungen für alle zu verdeutlichen und Lernende auf ihrem Weg möglichst individuell zu begleiten. Lehrende in der Förderungsperspektive sehen Ziele und Mittel in einer anderen Konstellation. Inhalte wie Leistungsergebnisse sind für sie nur Mittel auf dem Weg zur Stärkung der Selbstverantwortung, des Selbstvertrauens und des Selbstwerts der Lernenden – und letzteres geht, wenn es darauf ankommt, immer vor.

Eine Herausforderung für Lehrende ist der Spagat zwischen externen, vorgegebenen Leistungsstandards und dem, was ihnen geeignet erscheint, um Lernende zum Erfolg zu führen. Insbesondere bei heterogenen Lerngruppen können Lehrende schnell an ihre Grenzen stoßen: Die angestrebte Balance zwischen individuellem Fördern und Fordern kann aus dem Gleichgewicht geraten, wenn Lehrende der Gefahr erliegen, dem Wunsch der Studierenden nach Unterstützung so intensiv nachzukommen, dass Studierende sich nicht mehr selbstständig um eigene Lösungen bemühen. Eine weitere Herausforderung liegt in den verschiedenen Rollen, die Lehrende einnehmen: Einerseits wollen sie Lernende begleiten und beraten, andererseits sollen sie diese auch prüfen. Lehrende, die diese Grenzen offen halten wollen und sich selbst sehr stark fördernd einbringen, laufen Gefahr, sich aufzureiben.

2.1.5 Social Reform

Die sozialreformerische Perspektive dieses Modells nach Pratt steht für die Präsenz wohl formulierter Ideale oder ethischer Prinzipien mit Bezug zu einer expliziten Vision einer besseren Gesellschaft. Die zugrundeliegenden Glaubenssätze können ethische (Menschenwürde), religiöse (10 Gebote) oder politische bzw. soziale (gesellschaftliche Verteilung von Macht und Privilegien) sein. In den anderen Perspektiven stehen für Lehrende die Art und

Weise, wie sie ihre fachlichen Inhalte auswählen und präsentieren im Vordergrund und nicht, ob sie irgendwelchen Partikularinteressen dienen oder exkludierend wirken - sie betrachten sich als neutral und ideologiefrei. Im Gegensatz dazu sehen Lehrende, die sich als Sozialreformer*innen verstehen, ihre Ideale im Zentrum des Lehrens und Lernens und der Fachinhalt wird exemplarisch. Ihre Ideale dominieren (siehe Abbildung 6) alle anderen Elemente im Lehr-Lern-Modell.

Die sozialreformerischen Lehrenden arbeiten mit drei Annahmen: Dass erstens ihre Ideale notwendig sind für eine bessere Gesellschaft, zweitens die Ideale allgemeingültig sein sollten und drittens es letztlich darum geht, soziale Veränderung herbeizuführen, nicht nur individuelles Lernen. Die Welt soll nicht nur interpretiert, sondern verändert werden.

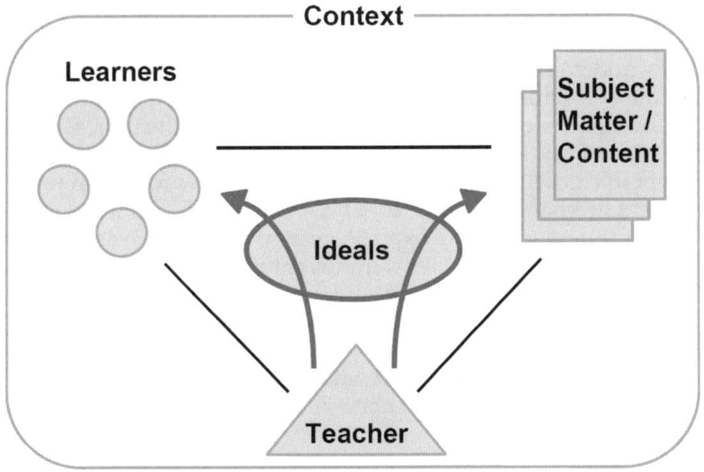

Abb. 6: Social Reform Perspective
Quelle: In Anlehnung an Pratt & Smulders et al. 2016, 64.

Da es keine spezielle Ideologie gibt, die diese Perspektive kennzeichnet, gibt es auch kein einheitliches Bild von Wissen, Lernen oder Lernenden. Die ganze Bandbreite, einschließlich der jeweils mit ihnen einhergehenden Herausforderungen, ist möglich. Ein wesentlicher Unterschied zu den anderen Perspektiven liegt in der

Ziel-Mittel-Beziehung, denn sie wird massiv beeinflusst von den zugehörigen Überzeugungen. Ziele der zuvor beschriebenen Perspektiven – wie Inhalte zu beherrschen, Teil einer Community of Practice zu werden, neue Denkweisen zu erlernen oder die Selbstwirksamkeit zu stärken – werden Mittel zu dem Zweck, gesellschaftliche Veränderungen jenseits der Lernenden und der Lernumgebung herbeizuführen. Gelungen ist Lehre in dieser Perspektive dann, wenn die Ideale für die Lernenden in gleichem Maße handlungsleitend werden, wie sie es für die Lehrenden schon sind.

Auf den ersten Blick haben effektive Sozialreform-Lehrende viel mit anderen effektiven Lehrenden gemeinsam. Sie sind klar und organisiert in der Vermittlung von Inhalten, sie bringen die Lernenden in unterschiedliche Communities of Practice, sie stellen bohrende Fragen und verwenden aussagekräftige Metaphern, die den Lernenden helfen, eine Brücke zwischen Vorwissen und neuen Konzepten zu schlagen und sie arbeiten hart daran, die Würde und Selbstwirksamkeit der Lernenden zu respektieren und zu fördern. Darüber hinaus aber regen diese Lehrenden die Lernenden permanent zu kritischer Reflexion an. Sie sollen erkennen, welche impliziten Werthaltungen die üblichen disziplinären Praktiken enthalten und wie diese dazu beitragen, inakzeptable gesellschaftliche Bedingungen zu reproduzieren und aufrechtzuerhalten. Inhalte und Praktiken des Fachs werden daraufhin untersucht, was explizit gesagt wird und was implizit bleibt, wer repräsentiert wird und wer nicht, was und wer inkludiert und exkludiert wird. Es geht nicht um Wissen an sich, sondern von wem es stammt und mit welchen Absichten es entstanden ist. Diese Dekonstruktion von Fachlichem dient dazu, die Lernenden zu ermächtigen, gesellschaftliche Veränderungen zu bewirken und ein besseres Leben zu führen.

2.2 Lehrperspektiven und Lehr-Lernsettings

Das vorgestellte Modell von Pratt et al. weist mit seinen unterschiedlichen Perspektiven je eine andere Konstellation von Lernenden, Lerngegenstand und Lehrperson auf. Je nach Perspektive, die für Lehrende in bestimmten Lehrsituationen dominant ist, ergibt sich daraus eine Affinität zu einem dazu passenden Lehr-Lernsetting. Als Lehr-Lernsetting bezeichnen wir die Gestaltung der Interaktion für das Lernen unter didaktischen und methodischen Aspekten zur Aneignung von Fachwissen und die Entwicklung von Handlungskompetenzen sowie der Selbstreflexion des Lernens als Prozess. Schön et al. (2016) unterscheiden beispielsweise drei grundlegende Modi des Lehrens und Lernens: darbieten, erarbeiten, explorieren. Die hauptsächliche Aktivität in den Settings (siehe Abbildung 7) lässt sich nach dem Lehrverhalten, der Rolle der Lehrperson sowie der Studierenden und nach der Auswahl der Inhalte beschreiben.

Für den Umgang mit der Heterogenität der Studierenden ist es bedeutsam, sich klarzumachen, dass verschiedene Settings eine unterschiedliche Intensität des Involviertseins (Englisch: „Engagement") bewirken. Ein höherer Grad an Involviertsein führt zu einem höheren Grad des Lernens voneinander und größeren Lernerfolgen insgesamt. Dieses Engagement muss aber durch die Lehrperson organisiert werden – dies geschieht durch die Wahl des Settings und das entsprechende Lehrverhalten. Empirisch hat sich z.B. gezeigt, dass offener Unterricht mit wenig Vorgaben und wenig Rückmeldungen durch Lehrende eher Lernende mit günstigen Lernvoraussetzungen fördert. Lernende mit defizitären Vorkenntnissen, geringer Lernmotivation, geringer Methodenkompetenz und geringer Sprachkompetenz benötigen mehr Strukturierung des Lernprozesses durch die Lehrperson. Das heißt, dass ein und dasselbe Setting für unterschiedliche Lernendengruppen unterschiedliche Auswirkungen haben kann (Helmke 2012, 253) und durch das Lehrverhalten gesteuert wird.

Während in *darbietenden Settings* beispielsweise die/der Lehrende per Lehrvortrag die Lerninhalte präsentiert und die Studierenden rezipieren und dabei eher individuell Präsentiertes aufnehmen, arbeiten sie in einem *aktivierenden Setting,* wie dem klassischen Seminar, eher in Gruppen, instruiert und moderiert durch die Lehrperson. *Interaktionsorientierte Settings* sind explorativ und Studierende arbeiten weitgehend autonom an komplexen Fragestellungen, die sie teilweise sogar selbst entwickeln. Dennoch obliegt den Lehrenden auch hier noch immer eine Verantwortung für den Lehr-Lernprozess, wenngleich die Aktivität durch Kooperation und Coaching der Lernenden eine Kommunikation auf Augenhöhe erforderlich macht.

Ein wichtiger Schritt, um Lehren und Lernen diversitätsgerecht zu gestalten, ist es, dass die Kommunikations- und Interaktionsmöglichkeiten der unterschiedlichen Settings mit den Studierenden besprochen werden und Studierende in diesen Reflexionsprozess involviert werden, um Transparenz zu erzeugen und dadurch die Heterogenität der Lernenden besser einschätzen zu können. Zudem werden idealerweise bereits bei der Auswahl von Lehr-Lernsettings die Kompetenzen und die Affinität der Lehrenden für für sie geeignete Formate berücksichtigt. Dieser Zusammenhang ist in Abbildung 7 dargestellt und kann dabei unterstützen, geeignete Lehraktivitäten für sich zu entdecken.

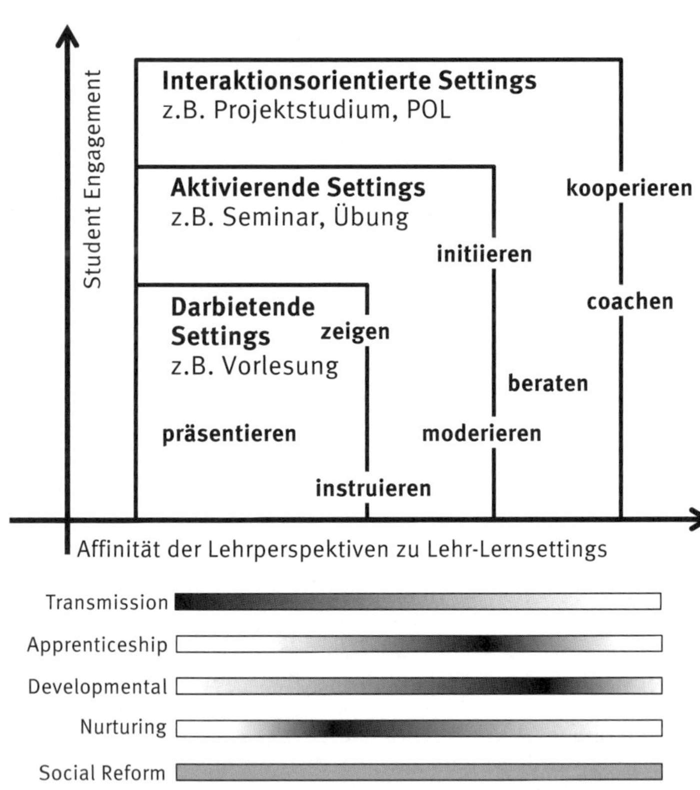

Abb. 7: Lehr-Lernsettings, Student Engagement und Lehrperspektiven (dunkel = hohe Affinität)
Quelle: Eigene Darstellung

3 Was Lernen behindert

Die Verschiedenheit von Menschen kann ganz offenkundig sein, wenn man sich z.B. die Körpergröße, das Alter, das Geschlecht oder die Haarfarbe ansieht. Sie ist aber oftmals eben nicht sofort sichtbar und offenbart sich erst im Kontakt. Harrison et al. (1998) haben die grundlegende Unterscheidung in sichtbare (Surface-Level) und unsichtbare (Deep-Level) Diversity Merkmale vorgeschlagen. Diese Unterscheidung ist deswegen wichtig, weil man nur die sichtbaren Merkmale durch einfaches Hinsehen wahrnehmen kann. Wenn Sie also in Ihrer Lehrveranstaltung keine*n Rollstuhlfahrer*in oder jemanden mit einem Blindenhund sehen, heißt dies nicht, dass alle Anwesenden ohne Beeinträchtigung und zum Lernen bereit sind. Es können sehr wohl Studierende mit z.B. psychischen Beeinträchtigungen vor Ihnen sitzen, ohne dass Sie es erkennen würden – und darüber hinaus: Jede*r kann mit Dingen belastet sein, die ihn/sie davon abhalten, sich auf das aktuelle Geschehen in der Lehre einlassen zu können wie etwa familiäre Verpflichtungen, körperliches Unwohlsein, Beziehungsprobleme etc. Wir müssen also immer darauf achten, dass die sichtbaren Merkmale den „Blick" auf die unsichtbaren Merkmale nicht verstellen. Außerdem ist es als Lehrperson sehr wichtig, Merkmale erst einmal nur wahrzunehmen, ohne sie zu bewerten. Man kann grundsätzlich nicht von vornherein wissen, ob die Hautfarbe oder die erkennbare Religionszugehörigkeit überhaupt relevant sind für das Lernen und den Studienerfolg.

In diesem Kapitel wollen wir uns nachfolgend zwei Merkmalen exemplarisch etwas näher widmen, einem häufig sichtbaren, der physischen Beeinträchtigung, und einem unsichtbaren, der Angst vor Stereotypen.

3.1 Beeinträchtigungen und Barrieren im Studium

Sich dem Studieren mit Beeinträchtigung zu widmen, erscheint uns aus zwei Gründen wichtig: Zum einen, weil es an Hochschulen mit den Verfahren zum Nachteilsausgleich und oft auch vorhandenen Anlaufstellen für Studierende mit Beeinträchtigung fest etabliert ist. Zum anderen, weil es als Beispiel dafür dient, dass man immer sensibel dafür bleiben muss, dass sichtbare oder anerkannte Formen der Diversität nicht den Blick verstellen für die vielen immer auch vorhandenen unsichtbaren, die potenziell sogar noch eine wichtigere Rolle für gelingende Lehr-Lernprozesse spielen können.

Wissen Sie, was man sehen kann, wenn man eine Augenkrankheit wie diabetische Retinopathie hat? Hier ein Beispiel:

Abb. 8: Sehfähigkeit mit (links) und ohne (rechts) diabetische Retinopathie
Quelle: In Anlehnung an Woche des Sehens o.J.

Versetzen Sie sich nun in eine*n Studierende*n in Ihrer Veranstaltung. Von Ihren Folien, dem Tafelbild oder auch Ihrer Mimik und Gestik wird für sie/ihn nicht viel wahrnehmbar sein. D.h.

viele relevante Informationen finden nicht den von Ihnen geplanten Weg. Für Studierende mit Wahrnehmungsbeeinträchtigungen ist dies Alltag und diese müssen sich in der Regel selbst um Auswege bemühen, weil ihre Situation bei der Planung und Durchführung von Lehrveranstaltungen nicht mitbedacht wurde - sie sind nicht barrierefrei.

In Deutschland ist seit 2002 das Gesetz zur Gleichstellung von Menschen mit Behinderungen (BGG) in Kraft. Es hat „Barrierefreiheit" zum Ziel als einen umfassenden Zugang und uneingeschränkte Nutzungschancen aller von Menschen gestalteten Lebensbereiche (Behindertenbeauftragter 2017). Behinderung wird in Deutschland im Sozialgesetzbuch IX (§ 2 Abs. 1) folgendermaßen definiert:

> Menschen mit Behinderungen sind Menschen, die körperliche, seelische, geistige oder Sinnesbeeinträchtigungen haben, die sie in Wechselwirkung mit einstellungs- und umweltbedingten Barrieren an der gleichberechtigten Teilhabe an der Gesellschaft mit hoher Wahrscheinlichkeit länger als sechs Monate hindern können. Eine Beeinträchtigung nach Satz 1 liegt vor, wenn der Körper- und Gesundheitszustand von dem für das Lebensalter typischen Zustand abweicht. Menschen sind von Behinderung bedroht, wenn eine Beeinträchtigung nach Satz 1 zu erwarten ist.

Der 21. Sozialerhebung des Deutschen Studentenwerks zufolge (Middendorf et al. 2017) weisen 11% der Studierenden eine Beeinträchtigung auf, die meistens nicht sichtbar ist. Davon sind 47% von psychischen Erkrankungen betroffen, 18% von chronisch-somatischen wie Allergien, Asthma, Diabetes und im einstelligen Prozentbereich von Mobilitäts-, Seh-, Hör- oder Sprachbeeinträchtigungen. Alle diese Beeinträchtigungen bedeuten, dass Studierende nicht vollumfänglich am Hochschulbetrieb teilnehmen können. Sie können evtl. häufiger gar nicht an Lehrveranstaltungen teilnehmen oder müssen sie zwischendurch verlassen, um Medikamente einzunehmen. Sie können sich nicht gleichermaßen wie andere in der Hochschule orientieren, nicht jeden Ort erreichen oder nur mit Mühe Texte lesen oder verfassen. Barrierefrei wären die Hochschule und ihre Lernangebote dann, wenn es *allen* Studierenden, unabhängig von ihren individuellen Fähigkeiten, möglich wäre, gleichberechtigt, chancengerecht und chancengleich an *allen* Angeboten der Hochschule teilzunehmen (Fisseler 2014, 89).

Beeinträchtigungen werden zu Behinderungen, wenn sie auf Barrieren treffen, die eine gleichberechtigte Teilhabe verhindern. Man kann auf Behinderungen aus zwei Perspektiven schauen:

- Medizinisch gesehen haben Menschen eine Behinderung und kommen daher nicht hinreichend mit der Umwelt zurecht. Sie müssen geheilt werden bzw. brauchen Unterstützung, um die nachteiligen Auswirkungen der Beeinträchtigung abzumildern (Fisseler 2014, 83). Diesem Modell entsprechend lägen das Problem und die notwendige Anpassungsleistung bei dem/der oben angesprochenen Studierenden und nicht an den Barrieren, die das Lernen für ihn/sie erschweren, obwohl es doch eigentlich sie es sind, welche den/die Studierende*n ausgrenzen und ihm/ihr die Teilhabe am Lerngeschehen verbauen. Die etwas zugespitzte Frage, die man sich in diesem Zusammenhang als Testfrage stellen kann, ist: „Hätte Stephen Hawking bei uns studieren können?“ (DSW o.J. a)
- Im sozialen Modell von Behinderung dagegen sind es Barrieren in der Umwelt des Menschen, die zu Behinderung führen. Danach ist es nicht so, dass Menschen behindert *sind,* sondern behindert *werden,* gleichberechtigt am gesellschaftlichen Leben teilhaben zu können. Behinderungen resultieren bei diesem Blickwinkel aus der Wechselwirkung der individuellen Möglichkeiten mit der von Menschen gestalteten Umwelt. Dies können z.B. ein erschwerter Zugang zu Gebäuden, Dienstleistungen und Services, sprachliche Barrieren, negative Einstellungen sein, die zu Diskriminierung führen oder auch unflexible organisationale Abläufe und Verfahren. Im sozialen Modell sind Unterschiede die Regel und die Anpassungsleistung liegt aufseiten der Gesellschaft, um Inklusion zu ermöglichen (Fisseler 2014, 84f.).

Für Hochschulen gibt es nun eine Fülle gesetzlicher Grundlagen, die sicherstellen sollen, dass Studieninteressierte und Studierende mit Beeinträchtigungen bei der Studienzulassung, der Studiendurchführung und in Prüfungen nicht benachteiligt werden und die gleichen Chancen auf ein erfolgreiches Studium haben wie alle anderen Studierenden: Grundgesetz, Hochschulrahmengesetz, Landeshochschulgesetze, UN-Behindertenrechtskonvention, Akkreditierungsrichtlinien, HRK-Empfehlungen (DSW o.J. b). Speziell zu den landesrechtlichen Regelungen für Nachteilsausgleiche und angemessenen Vorkehrungen im Studium findet sich beim Deutschen Studentenwerk eine umfassende Übersicht (DSW o.J. c).

Die bundesweite Informations- und Beratungsstelle Studium und Behinderung wie auch viele Hochschulen haben inzwischen Leitfäden für Lehrende zum Thema barrierefreies Studieren erstellt (DSW o.J. d). Vermutlich findet sich etwas Ähnliches auch in Ihrer Hochschule. Zum diversitätsgerechten Lehren gehört es als Teil der Systemkompetenz (siehe Abschnitt 7.1), diese Leitfäden zu kennen, Beratungsstellen ggf. zu kontaktieren und auch Studierende zu informieren, um sie ggf. dorthin verweisen zu können.

Ergänzend zu den hochschulinternen Informationen empfehlen wir Ihnen die Lektüre folgender Veröffentlichung:

Meyer zu Bexten, Erdmuthe (2015): Umgang mit beeinträchtigten Menschen im Studium. In: Zentrum für Hochschul- und Qualitätsentwicklung an der Universität Duisburg-Essen (Hrsg.): Diversität konkret. Handreichung für das Lehren und Lernen an Hochschulen, Duisburg.
Online verfügbar unter https://www.komdim.de/wp-content/uploads/2019/05/1115_dk_beeintraechtigung.pdf

Hier einige allgemeine Vorschläge. Sie können für jede Lehrveranstaltung gebraucht werden. Studierende mit Beeinträchtigung haben besondere Bedarfe. Kümmern Sie sich um sie. Können Sie besondere Bedarfe schon bei der Einschreibung erkennen? Sonst fragen Sie zu Beginn der Veranstaltung. Nennen Sie die Hilfsangebote Ihrer Hochschule. Sagen Sie, dass es Nachteilsausgleiche gibt. Bieten Sie persönlich Hilfe an. Das ist vor allem am Anfang des Studiums wichtig. Sie müssen nicht alle Fragen beantworten können. Sie können Studierenden aber trotzdem weiterhelfen mit einer Adresse oder einem Kontakt.

Wie wirkt dieser kursive Textabschnitt auf Sie? Ist er gut verständlich? Zu einfach, zu wenig wissenschaftlich und deswegen vielleicht nicht glaubwürdig genug? Er stellt eine Übersetzung des nun folgenden Abschnitts in leichte Sprache dar. Was sehen Sie als Unterschied, wenn Sie nun folgendes lesen?

*Spezifischere Bedarfe sollten Sie versuchen, so früh wie möglich, am besten gleich mit der Einschreibung, zu erkennen, um entsprechende Maßnahmen treffen zu können. Weisen Sie spätestens zu Beginn der Veranstaltung auf unterstützende Einrichtungen Ihrer Hochschule sowie mögliche Nachteilsausgleiche hin. Sehr hilfreich für Studierende ist es auch, wenn Sie sich ansprechbar für jegliche Fragen zeigen, denen sich Studierende – vor allem zu Beginn des Studiums – gegenübersehen und die sie an einem erfolgreichen Studienverlauf hindern könnten. Sie müssen nicht jede Frage beantworten können, aber als Systemvertreter*in können Sie in jedem Falle weiterverweisen.*

Die uns im akademischen Bereich umgebende und gewohnte Sprache kann auf Studienanfänger*innen oder Menschen, die sprachliche Schwierigkeiten haben, ausgrenzend wirken. Sie haben nur geringere Chancen, die angebotenen Inhalte zu verstehen. Um Barrieren abzubauen, die sich allein aus dem sprachlichen Duktus ergeben, hat sich zu Beginn der 2000er der Ansatz der leichten Sprache entwickelt. Ziel ist es, Texte zu produzieren, die zu Sender*in wie Empfänger*in passen, deutlich machen, wozu sie verfasst wurden und zum Gegenstand wie auch der Lesesituation passen (Schuppener et al. 2019, 220; zum Unterschied von leichter und einfacher Sprache vgl. Kellermann 2014).

Alle diese spezifischen Bedarfe verdienen es, sich mit ihnen zu befassen und das Lernen der betroffenen Studierenden zu erleichtern. Was aber besonders betont werden muss: Lösungsangebote für die Bedarfe spezifischer Gruppen sind immer gleichzeitig auch Angebote, die auch *allen* anderen Unterstützung bieten.

Unsere Empfehlung: Suchen Sie das Gespräch mit den Stellen an Ihrer Hochschule, die sich um Studierende mit Beeinträchtigungen kümmern. Hier bekommen Sie ganz konkrete Hinweise dafür, wie Sie in Ihrer Lehrveranstaltung auf einzelne Formen der Beeinträchtigung eingehen können.

3.2 Stereotype Threat

Unser Wahrnehmungsapparat arbeitet zur Vereinfachung mit Stereotypen. Was nicht allgemein bekannt ist, ist die Tatsache, dass die Existenz von Stereotypen leistungsmindernd wirken kann. Für die Arbeit mit Lernenden ist es daher sehr wichtig, um diese Effekte zu wissen. Beginnen wir mit einer kurzen Definition:

> Ein Stereotyp ist eine verallgemeinernde Annahme über eine Gruppe von Menschen, die praktisch all ihren Mitgliedern, unabhängig von tatsächlichen Unterschieden zwischen ihnen, dieselben charakteristischen Merkmale zuschreibt. Die charakteristische Eigenschaft eines Stereotyps kann körperlich, seelisch oder berufsbezogen sein: Blonde Frauen sind blöd, Matrosen versoffen, Ingenieure knochentrocken. (Aronson et al. 2014, 476)

Stereotype können je nach Situation und persönlicher Disposition positiv oder auch negativ bewertet werden. Bei Personen, die Gegenstand von Stereotypenzuweisungen sind, zeigt sich häufig ein verringertes Selbstwertgefühl und sie neigen dazu, die in der Gesellschaft über sie verbreiteten Ansichten zu internalisieren, also auch selbst die eigene Gruppe als z.B. unterlegen, wenig attraktiv oder inkompetent anzusehen. Untersuchungen aus den USA belegen, dass es einen statistischen Unterschied bei den Prüfungsergebnissen gibt, je nachdem welcher kulturellen Gruppe die Lernenden angehören. US-Amerikaner*innen mit asiatischer Herkunft schneiden als Gruppe messbar besser ab als Angloamerikaner*innen und diese wiederum besser als Afroamerikaner*innen (Aronson et al. 2014, 489f.). Dieses Phänomen wurde von Steele & Aronson (u.a. 1995) genauer untersucht und von ihnen als Stereotype Threat (Bedrohung durch Stereotype) bezeichnet. Es bezeichnet die Angst der Angehörigen einer sozialen Gruppe, dass ihr Verhalten das über sie bestehende negative Stereotyp bestätigen könnte. Die meisten Afroamerikaner*innen haben in Prüfungssituationen Angst davor, das bestehende negative Stereotyp, intellektuell unterlegen zu sein, zu bestätigen: „Wenn ich bei diesem Test schlecht abschneide, wird das ein schlechtes Bild auf mich und Menschen meiner Hautfarbe werfen." (Aronson et al. 2014, 490). Diese Gedanken stellen eine Belastung dar, die ihre Fähigkeiten reduzieren, gute Leistungen zu erbringen.

Schauen wir uns ein weiteres Beispiel an: Häufig wird behauptet, dass Männer in Mathematik und Naturwissenschaften besser seien als Frauen. Eine weibliche Studierende, die sich dieses Stereotyps bewusst ist, kann versuchen dagegen anzukämpfen, indem sie darauf hinarbeitet, in einer Mathematikprüfung eine wirklich hohe Punktzahl zu erreichen. Die durch das Stereotyp verursachte Angst und Ablenkung kann nun aber dazu führen, dass sie in der Prüfung tatsächlich eine niedrigere Punktzahl erreicht, als sie es sonst tun würde. Dies wurde experimentell bestätigt (Spencer et al. 1999): Frauen und Männer nahmen an Mathematiktests teil. In einem Fall wurde ihnen gesagt, dass der Test dazu diene, die Unterschiede der mathematischen Fähigkeiten von Männern und Frauen aufzuzeigen. Hier schnitten Frauen schlechter ab als Männer. Wurde vor dem Test nicht auf den Geschlechtsunterschied hingewiesen, waren die Leistungen vergleichbar. Die schlechteren Leistungen von Frauen in Mathematik sind also möglicherweise nicht auf geringere Fähigkeiten im Vergleich zu Männern zurückzuführen, sondern auf existierende negative Stereotype, die in der jeweiligen Situation aktiviert werden. Das Stereotypen-Phänomen konnte nicht nur für Afroamerikaner*innen und Frauen (aus verschiedensten Ethnien) nachgewiesen werden, es findet sich auch bei Lateinamerikaner*innen, Menschen aus niedrigeren Einkommensschichten und älteren Menschen. Alle zeigen bessere Leistungen, wenn sie sich in der betreffenden Situation selbst nicht bewusst sind, dass sie einer mit negativen Stereotypen besetzten Gruppe angehören (Steele 2010). Das gilt selbst auch für weiße Männer, wenn sie bei einem Mathematiktest davon ausgingen, mit asiatischen Männern verglichen zu werden (Aronson et al. 1999).

Hören Sie Claude Steele hierzu live:

https://youtu.be/failylROnrY

Ausgeprägte Stereotype Threat Effekte, also die Angst, ein über die eigene soziale Gruppe bestehendes Stereotyp zu bestätigen, indem man tatsächlich schwache Leistungen in einem mit dem Stereotyp verbundenen Bereich erbringt, beeinträchtigt nicht nur kurz- sondern auch langfristig die intellektuelle Leistungsfähigkeit der Betroffenen deutlich (Alexander & Schofield 2006). Nicht nur, dass sie in bestimmten Leistungs- oder Testsituationen nicht ihr gesamtes Potenzial ausschöpfen können, sondern sie können Verhaltensweisen entwickeln, die sich kontraproduktiv auf ihre Bildungsleistungen insgesamt auswirken: Reduzierte Leistungserwartungen, eine mangelnde Leistungsbereitschaft sowie das Meiden von Herausforderungen sind mögliche Resultate einer Bedrohung durch negative Stereotype. In letzter Konsequenz kann dies zur Folge haben, dass sich Betroffene von den entsprechenden Lerngebieten distanzieren und Erfolge dort als unwichtig erachtet werden (Schofield & Alexander 2012, 66f.).

Was können wir für das eigene Lehrhandeln daraus ableiten?

- Als Lehrperson sollte man sehr darauf bedacht sein, keine negativen Stereotype zu aktivieren. Deshalb sollten Aufgabenstellungen für Klausuren z.B. möglichst neutral formuliert sein. Sind Texte nicht gendergerecht verfasst, können die beschriebenen negativen Effekte auftreten.
- Darüber hinaus kann man bestehende negative Stereotype sogar aufheben, indem man sie durch positive verdrängt (Aronson et al. 2014, 492 mit weiteren Verweisen). Das kann z.B. gelingen, wenn man Studierende daran erinnert, dass sie Angehörige ihres als anspruchsvoll bekannten Studiengangs sind oder auch auf den guten Ruf der Hochschule verweist, an der sie jetzt studieren.
- Hilfreich ist es auch, wenn man darauf hinweist, dass Intelligenz ein dynamisches Konstrukt ist und auch Fähigkeiten nichts Gegebenes, sondern steigerbar sind. Canning et al. (2019) konnten dazu für Studierende aus MINT-Fächern zeigen, dass die Leistungen abhängig sind von der Einstellung der Lehrenden über die Variabilität der Intelligenz und Fähigkeiten ihrer Studierenden. Studierende und insbesondere Angehörige von Minderheiten profitieren davon, wenn ihre Lehrenden davon überzeugt sind, dass Studierende sich entwickeln können und ihre persönliche Ausstattung nicht unveränderbar ist. Wie schnell sind Sätze wie „Physik kann nicht jeder“ oder „Mathematik kann man oder kann man nicht“ dahingesagt, ohne sich der Wirkungen dieser Aussagen bewusst zu sein. Wenn Sie also an die Entwicklungs-

fähigkeiten Ihrer Studierenden glauben und dieses äußern, werden diese auch die entsprechenden Ergebnisse zeigen! Dies ist umso wichtiger, weil auch die Vorstellung der Lernenden über ihre eigene Intelligenz das Erleben von Stereotype Threat Effekten verstärken kann. Diese Effekte treten auf, wenn Intelligenz und Bildungserfolg von ihnen als unveränderbare Eigenschaften angesehen werden, die natürlich gegeben sind und auf die sie auch durch Einsatz, Engagement und Fleiß keinen Einfluss haben (Mühlenhoff 2017, 194).

- Positive Effekte lassen sich auch allein schon dadurch herbeiführen, dass man darüber informiert, dass es normal ist, wenn Angehörige von Gruppen, denen negative Stereotype zugeschrieben werden, Angst vor standardisierten Tests haben (Johns et al. 2005).

Praxistipp:

Zeichnen Sie Ihre eigene Lehrveranstaltung auf und überprüfen Sie hinterher, welche stereotypisierenden Aussagen Sie selbst treffen und versuchen Sie aktiv, diese künftig zu vermeiden.

4 Begriffliche Klärungen

4.1 Heterogenität & Diversität

Um auf Unterschiede von Menschen aufmerksam zu machen, werden viele verschiedene Begriffe, oft ohne eine genauere Unterscheidung, verwendet. So ist u.a. die Rede von Andersartigkeit, Ungleichheit, Verschiedenartigkeit, Uneinheitlichkeit, Heterogenität, Vielfalt oder eben auch Diversität. Für den weiteren Verlauf ist es sinnvoll, als erstes die beiden zentralen, im hochschulischen Diskurs verwendeten Begriffe Heterogenität und Diversität näher zu betrachten.

Der Begriff der Heterogenität ist deskriptiv und dualistisch angelegt (vgl. z.B. Bank et al. 2011). Deskriptiv, weil man Unterschiede zwischen zwei Gruppen anhand eines bestimmten Kriteriums sichtbar machen will. Das kann beispielsweise das Geschlecht oder die Hautfarbe sein, wonach sich Menschen dann in Frauen und Männer oder Farbige und Weiße unterscheiden lassen. Heterogenität ist dualistisch angelegt, weil sie sich auf Homogenität als ihren Gegenbegriff bezieht. Die unterschiedenen Gruppen sind in Bezug auf das betreffende Merkmal dann homogen, es sind z.B. nur noch Frauen oder weiße Menschen. Heterogenität verweist somit auf Unterschiede und wird deshalb häufig als problembehaftet angesehen. Die jeweils bezeichneten Unterschiede, z.B. das unterschiedliche Vorwissen, begegnen uns als Herausforderung, die es zu bewältigen gilt. Meistens wird Homogenisierung als Lösung angestrebt, so durch das Angebot von Brückenkursen zur Angleichung von Wissensständen, Unterricht in möglichst studienfachgleichen Gruppen oder Unterstützungsangebote für Studierende mit Dyslexie oder Dyskalkulie.

Diversität (bzw. englisch Diversity) hingegen ist multivalent, was es für das Verständnis und den Umgang etwas unhandlich macht. In der aktuellen Diskussion steht Diversität gleichzeitig für Gemeinsamkeiten und Unterschiede, was sich auch daran zeigt, dass es im allgemeinen Sprachgebrauch keinen Gegenbegriff zu Diversität gibt. Bezeichnet man etwas als divers, soll auf Unterschiede (zwischen Menschen) aufmerksam gemacht werden, ohne die bestehenden Gemeinsamkeiten zu übersehen (u.a. Gardenswartz & Rowe 1994; Thomas 1996). Dies spiegelt sich bspw. in dem Bedürfnis der Studierenden wider, einerseits als Teil der akademischen Gemeinschaft aufgenommen und nicht als „anders" wahrgenommen zu werden, sondern als „normale" Studierende (Reay et al. 2010). Andererseits haben Studierende, wenn sie sich in der Lehrveranstaltung befinden, den deutlichen Wunsch, dass Lehrende sie mit ihren spezifischen Bedürfnissen und Interessen adressieren. Wenn es Lehrenden gelingt, sich darauf einzustellen, wird dies durch ein nachhaltiges Engagement („academic engagement") der Studierenden und damit häufig einhergehenden Tiefenlernstrategien belohnt (Hockings 2011). Unterschieden werden sollte daher nur, wenn es relevant ist, also Auswirkungen auf die Person oder das Miteinander in der betreffenden Situation hat.

Diversität ist aber nicht nur deskriptiv, sondern gleichzeitig auch normativ angelegt. Diversität bezieht sich auf soziale Merkmale, die zur Benennung von Differenzen herangezogen werden *und* die damit verbundenen gesellschaftlichen Sozial- und Chancenstrukturen, in welche die Unterschiedlichkeiten eingebettet sind. Wie offen sind sie, wie gut werden sie bewältigt, wie gut kommen Einzelne und Gruppen damit zurecht (Bank et al. 2011)? Die jeweils fokussierten Merkmale werden dabei nicht als feststehend angesehen, sondern als Zuschreibungen (Williams & O'Reilly 1998, 80ff.) aufgrund von gesellschaftlichen Normalitätsvorstellungen und Unterscheidungsprozessen, d.h. als Effekte sozialer Konstruktion. Damit wird immer gleichzeitig auch danach gefragt, welche Diskriminierungen und Privilegierungen wirksam sind (sog. kritisches Diversitätsverständnis; vgl. Bührmann 2018). Diversität ist also ein dynamisches Konzept der sozialen Konstruktion von Unterschieden, des „doing diversity" (analog zum „doing difference" bei West und Fenstermaker 1995) und der sie begleitenden Macht- und Herrschaftsverhältnisse.

4.2 Inklusion

Damit steht die Frage im Raum, wie man in einer von Diversität geprägten Hochschule bzw. Gesellschaft mit den „Anderen" am besten umgeht (vgl. hierzu und im Folgenden Linde & Auferkorte-Michaelis 2018, 21ff.). Die demokratisch-partizipative Antwort lautet: Inklusion ist der Weg der Wahl (z.B. Hockings 2010; Clayton-Pedersen et al. 2009; Reich 2014). Hierbei geht es um ein weites begriffliches Verständnis von Inklusion, das sich nicht nur auf Menschen mit Beeinträchtigungen bezieht, sondern jede mögliche Art von (relevanter) Unterschiedlichkeit in den Blick nimmt.

Inklusion als Konzept des Umgangs mit Diversität bedeutet, der Verschiedenheit im individuellen und institutionellen Umgang angemessen zu begegnen. Dies bezieht sich in Lernsituationen nicht nur auf den gemeinsamen Unterricht von Menschen mit und ohne Behinderung, sondern setzt auf die Verschiedenheit *aller* Lernenden, die es gilt in geeigneter Weise zu berücksichtigen:

> This definition of inclusive learning and teaching emphasises not only what makes us different as human beings but, also, what makes us the same. It moves away from a focus on identity as the differences that characterise a human being's life and life chances. (Hockings 2011, 192)

Wie in Abbildung 9 gut erkennbar, geht es bei Inklusion darum, Bedingungen zu schaffen, in denen alle (Studierenden) ihren Platz in einem System finden, das deren individuellen Bedürfnissen Rechnung trägt. Vier Ansätze lassen sich unterscheiden: In einem *exklusiven* System werden bestimmte Personengruppen, z.B. Studieninteressierte ohne Hochschulzugangsberechtigung, als Bildungsfähige von Nicht-Bildungsfähigen getrennt und damit ausgeschlossen. *Segregation* sondert aus und versucht, homogene Gruppen nach Eigenschaften oder Fähigkeiten zu bilden, die aber separiert bleiben, z.B. in einer Hochschule für „First-Nations". Bei der *Integration* wird vorher Getrenntes wieder eingegliedert, aber es bleibt bei einem Nebeneinander, z.B. in verschiedenen Studiengängen oder Gruppen. Erst in einem *inklusiven* System kommt es zu einem „Alle gemeinsam".

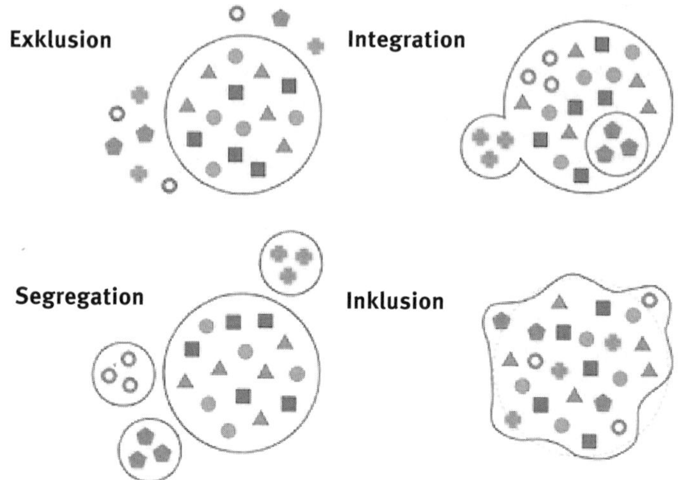

Abb. 9: Schritte auf dem Weg zur Inklusion
Quelle: in Anlehnung an Aehnelt 2013

Für Hochschulen bedeutet Inklusion, dass nicht mehr nur eine einseitige Anpassungsleistung der Studierenden verlangt werden kann, sondern ebenfalls eine schrittweise Anpassung des Bildungsangebots an die Bedürfnisse der Studierenden stattfinden muss (z.B. Ruokonen-Engler 2013). Im anglo-amerikanischen Raum hat sich dazu der Begriff der „Diversity-Inclusivity" etabliert (z.B. Hanesworth 2015; Nelson Laird 2014). Sie wird verstanden als

> 'the active, intentional, and ongoing engagement' with differences in a purposeful manner so as to increase one's diversity-related competencies. [Differences are ...] both 'individual', such as personality, learning styles, and life experiences, and [']group or social['], such as race/ethnicity, gender, country of origin, religion. (Lee et al. 2012, 201)

5 Diversität in Hochschulen: Das HEAD Wheel

Ziel einer diversity-gerechten Hochschule muss sein, ungleiche Startbedingungen auszugleichen und integrative und unterstützende Maßnahmen entlang des gesamten Student-Lifecycle-Managements anzubieten. Vor diesem Hintergrund lässt sich mit Blick auf die Hochschullehre fragen: Welche Diversitätsdimensionen spielen in Hochschulen nun eine Rolle? Welche Formen der Diversität sind überhaupt relevant für die Lernprozesse von Studierenden und die sie umgebenden Rahmenbedingungen? Um diese Fragen zu beantworten, wurde das sogenannte HEAD Wheel (kurz für **H**igher **E**ducation **A**wareness for **D**iversity) (Gaisch & Aichinger 2016) entwickelt, das fünf unterschiedliche Segmente von hochschulischer Vielfalt adressiert: demografische, kognitive, fachliche, funktionale und institutionelle Diversität. Dieses Modell hat gegenüber den zumeist verwendeten reinen Merkmalsklassifikationen (z.B. Gardenswartz & Rowe 1994) mehrere Vorzüge: Es zeigt wie andere Modelle zwar auch auf, welche möglichen Unterscheidungsmerkmale zwischen Menschen herangezogen werden können (z.B. Religion, soziale Herkunft), verweist aber in den einzelnen Segmenten zusätzlich auf damit verbundene mögliche Herausforderungen wie Chancen (bspw. Innovation oder Kreativität als Folge produktiv gewordener kognitiver Diversität).

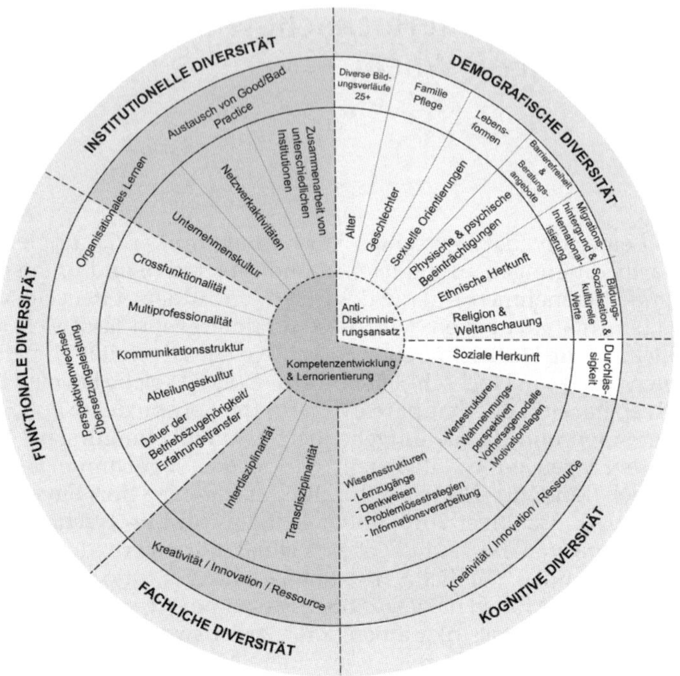

Abb. 10: HEAD Wheel
Quelle: Gaisch & Linde 2020, 6

Die fünf verschiedenen Segmente sind hochschulspezifisch zu sehen, z.B. Lernzugänge als Teil der kognitiven Diversität. Gleichzeitig sollen sie deutlich machen, dass es immer darum geht, dass sich Personen in Situationen befinden und zumeist mehrere Diversitätsmerkmale zugleich eine Rolle spielen (Intersektionalität), wenn bspw. neben den o.g. Lernvoraussetzungen auch das Alter oder die ethnische Herkunft in den Blick genommen werden. Außerdem soll deutlich werden, dass ein Großteil der feststellbaren Unterschiede durch das System selbst erzeugt wird, so z.B. wenn Studierende aus unterschiedlichen Semestern, unterschiedlichen Fachdisziplinen oder mit unterschiedlichen Praxiserfahrungen an einem Projekt in einem Unternehmen teilnehmen. Zu beachten ist dabei, dass die im HEAD Wheel aufgezeigten Unterschiede immer nur als potenziell relevant anzusehen sind:

> Bei Diversität in sozialen Zusammenhängen sollte es nämlich immer nur um in einem bestimmten Kontext relevante Unterschiede gehen, also Unterschiede, die einen Unterschied machen, die Menschen bei der Bearbeitung von Aufgaben, der Erreichung von (gemeinsamen) Zielen oder generell der erfüllenden Gestaltung von Interaktionssituationen im Wege stehen. (Linde & Auferkorte-Michaelis 2018, 19)

Es sollte also immer die konkrete Situation, der konkrete Einzelfall darauf hin geprüft werden, welche Unterschiede tatsächlich eine Rolle für die konkrete Bedarfslage spielen. So kann z.B. durchaus ein älterer Studierender mit Fluchterfahrung und Sprachschwierigkeiten vor Ihnen stehen, ohne ein Problem mit der gestellten Mathematikaufgabe zu haben.

Video zum HEAD Wheel:

www.youtube.com/watch?v=TlenqW8cssg&t=3s

Zu den Segmenten im Einzelnen (vgl. hierzu und im Folgenden Gaisch & Linde 2020, 7f.):

Demografische Diversität nimmt personenimmanente und scheinbar unveränderbare soziale Ordnungsgefüge wie Alter, Geschlecht, sexuelle Orientierung, physische und psychische Beeinträchtigungen, ethnische Herkunft sowie Religion und Weltanschauung in den Blick. Aus hochschulischer Betrachtung und vor allem vor dem Hintergrund einer zunehmenden Bildungsexpansion spielt über diese klassischen Dimensionen hinaus auch die soziale Herkunft eine immer wichtigere Rolle und wurde deshalb in das demografische Segment mit aufgenommen. Durch die Zunahme an gesellschaftspolitischer Komplexität sieht sich auch der globale Hochschulraum vor noch nie dagewesenen Herausforderungen, gilt es doch, die Hochschulen für nichttraditionelle Studierende (wie z.B. Erstakademiker*innen) zu öffnen und die Studienarchitektur auch für zahlenmäßig bislang unterrepräsentierte Gruppen diversitysensibel, fair und inklusiv zu gestalten. Für die Bildungsgerechtigkeit ist die Entkopplung von Bildungserfolg und sozialer Herkunft, die Verringerung der sozialen Selektivität und eine zunehmende Durchlässigkeit von zentraler Bedeutung.

Im Rahmen der demografischen Vielfalt zeigt der äußere Ring der Grafik jene kontextuellen Bedingungen auf, die die neuen Gegebenheiten einer breiten Bildungsteilhabe mit sich bringen: Mehr Studierende im Alterssegment 25+ mit familiären Verpflichtungen und unterschiedlichen Lebensformen benötigen nicht nur mehr Beratungsangebote, sondern auch flexiblere Lehr- und Lernsettings und unkonventionellere Formate der Studienarchitektur. Unterschiedliche Bildungssozialisationen, verschiedene kulturelle Werte und die Internationalisierung der Hochschulsysteme stellen das tertiäre Bildungssystem vor immer neue Herausforderungen. Diese scheinen durch sozialpsychologische Phänomene (z.B. Stereotype Threat, Implicit Bias; siehe Kapitel 3.2 bzw. 7.2), die die Leistungsfähigkeit und Motivationslagen von Studierenden und Hochschulmitarbeitenden in stigmatisierten Bereichen herabsetzen, noch weiter verstärkt zu werden.

Vor dem Hintergrund zunehmender globaler, internationaler und interdisziplinärer Verflechtungen fokussiert das Segment **kognitive Diversität** auf unterschiedliche Werte- und Wissensstrukturen und blickt auf eine Vielzahl an Wahrnehmungsperspektiven, Vorhersagemodellen, Lernzugängen, Denkweisen, Problemlösestrategien und Modellen der Informationsverarbeitung. In diesem Segment nehmen auch Leistungsbereitschaft, Motivationslagen und Eigeninitiative von Studierenden diverser Provenienzen eine zentrale Rolle ein. Hochschulen, denen es gelingt, diese kognitiven und wertebasierten Unterschiedlichkeiten als Ressource zu nutzen, scheint Innovation, Kreativität und lern- und problemlösungsorientiertes Handeln leichter von der Hand zu gehen (Linde & Auferkorte-Michaelis 2018).

Fachliche Diversität als drittes Segment des HEAD Wheels zeigt auf, wie der steigende Bedarf an Interdisziplinarität und Transdisziplinarität hochschulische Handlungsprozesse sowie unterschiedliche Lehr- und Lernsettings prägt.

Interdisziplinarität beschreibt die Kooperation von verschiedenen Disziplinen, bei der die Grenzen zwar überschritten, aber nicht aufgehoben werden. Meist steht eine gemeinsame, parallele Bearbeitung einer komplexen Fragestellung im Mittelpunkt, wobei das Wissen und die Perspektiven unterschiedlicher Disziplinen genutzt werden sollen, um Lösungen für fundamentale Herausforderungen zu erhalten. In der globalen Wissensgesellschaft mit ihren komplexen Problemlagen braucht es zur Bewältigung der großen aktuellen Herausforderungen wie Klimawandel, demografische Entwicklungen, Endlichkeit fossiler Rohstoffe, Sicherstellung der Welternährung, Eindämmung von Volkskrankheiten oder auch der Erreichung der globalen Ziele für nachhaltige Entwicklung (siehe 17 Sustainable Development Goals; UN General Assembly 2015) kreative und innovative Lösungsansätze. Diese scheinen durch interdisziplinäre Querbezüge eher realisierbar als durch eindimensionale fachliche Tiefe. Daher wird die Förderung von interdisziplinärer Zusammenarbeit, aber auch die Curriculum-Gestaltung mit mehr interdisziplinären Elementen immer bedeutsamer.

Transdisziplinarität hingegen blickt auf die Bearbeitung realer gesellschaftlicher Herausforderungen durch die Einbindung von Wissens- und Praxisformen diverser Stakeholder aus unterschiedlichen Lebenswelten. Dabei gilt es, mittels fachübergreifender Kooperationen, gesellschaftliche Problemlagen (real-world problems) in wissenschaftliche Fragestellungen zu übersetzen. Im Vordergrund steht hier die Kooperation zwischen Wissenschaft und Praxis, also die systematische Integration von Personen aus der Zivilgesellschaft (Grießhammer & Brohmann 2015). Die zunehmende Betonung von Anwendungsorientierung und Beschäftigungsfähigkeit künftiger Absolvent*innen leistet somit auch transdiziplinären Zugängen Vorschub, was dazu führt, dass das Zusammenspiel von wissenschaftlich-analytischen und gesellschaftlich-politischen Problemlösungsprozessen auch zunehmend in Forschung und Lehre seinen Platz findet.

Zum vierten Segment der **funktionalen Diversität**: In der postindustriellen Wissensgesellschaft bedarf es zunehmend der Fähigkeit, Themen und Aufgabenstellungen aus vielen verschiedenen Blickwinkeln zu beleuchten und zu analysieren. Für Hochschulen bedeutet eine multiprofessionelle Orientierung ihrer Mitarbeitenden und Studierenden einen wesentlichen Mehrwert, den es zu nutzen und weiter voranzutreiben gilt. Cross-Funktionalitäten, also die Diversität im funktionalen Hintergrund, entstehen dann, wenn die tertiäre Institution Menschen dazu befähigt, mit unterschiedlichen Abteilungs- und Professionskulturen zu interagieren, spezifische Perspektiven professioneller Akteur*innen zusammenzuführen und bereichsübergreifend innovative Lösungsansätze zu generieren. Das HEAD Wheel blickt dazu aus zwei unterschiedlichen Perspektiven auf funktionale Diversität:

Zum einen aus studentischer Sicht, wo es im Sinne der Graduate Employability darum geht, Kernfähigkeiten für die heutige und auch zukünftige Arbeitswelt zu erlernen; diese umfassen die Zusammenarbeit in cross-funktionalen, aber oft auch temporären, virtuellen und internationalen Teamkonstellationen. Dieses Kompetenzportfolio ist in vielen Studiengängen bereits curricular verankert und wird in Lehr-/Lernsettings erprobt, weiterentwickelt und erworben.

Zum anderen richtet funktionale Diversität einen systemisch-internen Fokus auf organisationales Lernen mit Blick auf dialogische Handlungskompetenz und Erfahrungstransfer durch Expert*innen aus unterschiedlichen Hochschulabteilungen. Hochschulleitungen, die eine wechselseitige Befruchtung (Cross-Fertilisation) im Sinne eines gegenseitigen Erfahrungsaustausches und Expertisen-Abgleichs über die engen Grenzen der Abteilungskultur unterstützen, regen kollektive Lernprozesse an, die meist zu einem Perspektivenwechsel und zu einer besseren Übersetzungsleistung zwischen den Professionskulturen führen. Dazu braucht es aber auch Wissen über hochschulische Prozesse und Strukturen innerhalb der Organisation, eine wertschätzende Kommunikationskultur sowie die persönliche Bereitschaft von Akteur*innen, sich über die Abteilungsgrenzen hinaus zu vernetzen.

Nicht erst seit der Einführung von Bologna zur Jahrtausendwende steht **institutionelle Diversität** als fünftes Segment des HEAD Wheels hochschulischer Einrichtungen im Fokus des europäischen Hochschulraums, wenn es um die Steigerung der Vielfalt und die Durchlässigkeiten im Bildungssystem geht. Doch jenseits von Hochschulkooperationen wird interorganisationale Vielfalt immer auch dann großgeschrieben, wenn verschiedene Organisationen, Institutionen, Berufsfelder etc. zusammenarbeiten und auf unterschiedlichen Ebenen miteinander kooperieren. Dieses Segment adressiert daher institutionelle Diversität mit Blick auf unterschiedliche Funktionssysteme der Wirtschaft, Wissenschaft, Bildung und Politik. Die Zusammenarbeit über unterschiedliche Funktionssysteme hinweg kann konfliktreich sein, aber auch deutliche Mehrwerte erzeugen.

Denn Sensibilität und Wissen über diese verschiedenen Logiken und die Art und Weise, wie sie die Motive und Handlungen des Gegenübers beeinflussen, kann Kooperationen erleichtern. Eine profunde Vermittlung zwischen Interessen des Wirtschaftssystems, des Bildungs- und des Wissenschaftssystems sowie des politischen Systems wird vor allem vor dem Hintergrund der steigenden Bedeutung von „Entrepreneurial Universities" immer wesentlicher. In diesem Sinne werden Hochschulen quasi als Unternehmen gesehen, die eigene Einnahmen generieren und einer Marktlogik folgen. Obwohl dieses Verständnis aufgrund einer breiten öffentlichen Finanzierung auf den deutschsprachigen Raum nicht unmittelbar übertragbar ist, sind die Grundpfeiler zum unternehmerischen Handeln im Sinne der Effektivität und Effizienz bereits gut in der europäischen Mitte der Hochschullandschaft verankert (Leszczensky 2004).

Institutionelle Diversität kann sowohl für Studierende als auch Mitarbeitende entscheidende Vorteile bringen. Studierende, die durch z.B. Mobilitätsprogramme andere institutionelle oder organisationale Logiken kennenlernen, erhalten damit Einblicke in unterschiedliche Lehr-Lernstrukturen, Handlungserwartungen und Vermittlungsprozesse und erweitern dadurch ihre sozialisierten Bildungsbiografien. Die Möglichkeit eines temporären Wechsels von Lehrenden, Forschenden oder Verwaltungspersonal in andere Systeme, sei es in Unternehmen oder andere Hochschulen, hat das Potenzial, das Wissen um und die Sensibilität für verschiedene Funktionssysteme weiter auszubauen. Nur durch Öffnung nach außen und die Interaktion mit anderen kann die Legitimierung als offene und moderne Hochschule erfolgen und Reputation weiter ausgebaut werden. Gemeinsames Lernen auf organisationaler/institutioneller Ebene fördert das Erkennen und Bearbeiten von Problemstellungen und sichert den Bestand der Hochschule nachhaltig ab.

Praxistipp

Gehen Sie die verschiedenen Dimensionen des HEAD Wheels durch und überlegen Sie, wo Ihnen überall verschiedene Formen der Diversität begegnen.

6 Mehrebenen-Ansatz des Umgangs mit Diversität in der Lehre

Diversität in Lehr-Lernkontexten angemessen zu begegnen, heißt, Studierende gleichermaßen als Individuen sowie als Zugehörige zu bestimmten sozialen Gruppierungen und zugleich auch als Teil einer Gesamtgruppe Studierender wahrzunehmen. Dies soll hier als *Mehrebenen-Ansatz* des Umgangs mit Diversität in der Lehre bezeichnet werden.

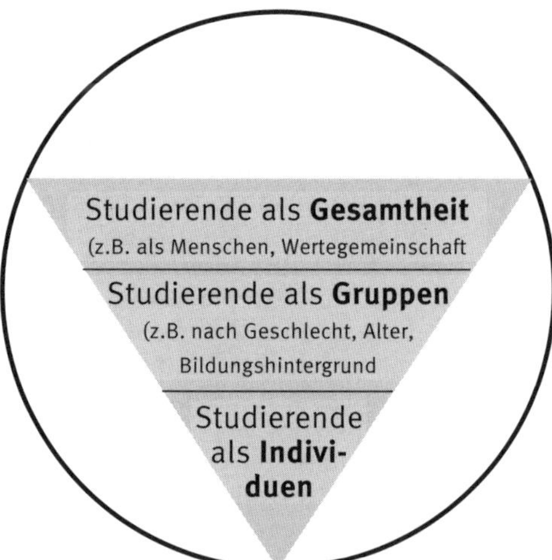

Abb. 11: Mehrebenen-Ansatz in der Lehre
Quelle: Linde & Auferkorte-Michaelis 2018, 23

In der Diversitätsdiskussion spricht man von Kategorien wie Geschlecht, Klasse oder Körper, die herangezogen werden, um Menschen einzuteilen (z.B. Walgenbach 2017, 77ff.). Der Mehrebenen-Ansatz arbeitet nun mit mehreren kategorialen Einteilungen gleichzeitig: Man schaut mit einem monokategorialen

Blick auf *alle Studierenden*, achtet gleichzeitig aber auch darauf, welchen *Gruppierungen* sie kategorial angehören und ergänzt dies noch um eine antikategoriale Perspektive (vgl. McCall 2005), die - sich von Kategorien lösend - nach konkreten Bedarfen der *Individuen* in konkreten Situationen fragt. Umgeben ist alles vom jeweiligen Rahmen, der die Situation prägt. Dies können Thema, Zeit und Raum sein, aber auch politische oder rechtliche Regelungen. Die Kunst im Umgang mit Diversität besteht nun darin, alle drei vorhandenen Perspektiven (Gesamtheit, Gruppe, Individuum) gleichzeitig im Blick zu behalten und die Vorteile der jeweiligen Perspektive zur Förderung studentischer Lernprozesse zu nutzen (Leach 2011).

Hier nun einige Ideen und Anregungen zum inklusiven Umgang mit Diversität im Lehr-Lern-Geschehen, die sich am Mehrebenen-Ansatz orientieren (vgl. hierzu und im Folgenden Linde & Auferkorte-Michaelis 2018, 24).

- Der Gedanke, Studierende als Gesamtheit zu betrachten, findet sich bereits bei Bourdieu und Passeron (1971): „Wie verschieden die Studenten sonst auch sein mögen, eine Rolle ist ihnen gemeinsam, das Student-Sein“ (Bourdieu & Passeron 1971, 30). Um diese Ebene in der Lehre konkret anzusprechen, könnte betont werden, welche universellen Gemeinsamkeiten Studierende teilen, um darauf Beziehungen zu gründen. Es könnte beispielsweise herausgestellt werden, welche Werte alle Studierenden miteinander gemein haben (sollten), oder darauf hingewirkt werden, sich - ganz global - als Teil der Menschheit zu sehen.
- Der Blick auf bestimmte Merkmale von Menschen ist konstitutiv für die Gruppenperspektive. Sie ist bislang dominant im Umgang mit Diversität und auch Gegenstand der vielen rechtlichen Regelungen zum Schutz von Menschen mit Benachteiligung, insbesondere im angloamerikanischen Raum (affirmative action). Die Gruppenperspektive stellt in positiver Lesart das soziale und kulturelle Kapital einer Gruppe in den Vordergrund, ohne Vorannahmen über die Individuen in der Gruppe zu treffen. Gemeinsames Lernen und Arbeiten in verschiedenen, bewusst arrangierten Zusammensetzungen, curriculare Inhalte, die Diversität widerspiegeln, die Anrede von Studierendengruppen in ihrer Sprache und explizite Wertschätzung sind mögliche Ansatzpunkte in der

Lehre. Das Handlungsprinzip sollte sein, mit jeder Maßnahme möglichst gleichzeitig Angebote zu generieren, die allen Studierenden zugutekommen.

- Auf der Ebene des Individuums wird nach konkreten Bedarfen einzelner Lernender gefragt. Es wird dann nicht z.B. das Lernverhalten von Studierenden mit und ohne Migrationshintergrund unterschieden, sondern generell überlegt, wie die Lernprozesse von Studierenden in Anbetracht einer konkreten Aufgabe unterstützt werden können. Diese Sichtweise geht über den besonderen Unterstützungsbedarf bestimmter Studierendengruppen (z.B. nicht-deutsche Muttersprachler*innen, First-in-family-Studierende, Studierende mit Migrationshintergrund) hinaus und rückt verstärkt unsichtbare, aber für das Lernen aller Studierenden relevante Unterschiede wie die Zielorientierung, die Lernmotivation oder die eingesetzten Lernstrategien in den Vordergrund (vgl. Schulmeister et al. 2012).

7 Diversitykompetenz von Lehrenden

In der hochschuldidaktischen Diskussion spielt der Begriff der Lehrkompetenz eine zentrale Rolle. Kompetenz allgemein ist nach van der Blij et al. (2002)

> [...] defined as the ability to act within a given context in a responsible and adequate way, while integrating complex knowledge, skills and attitudes.

Ein solches Verständnis des Kompetenzbegriffs geht damit deutlich über die klassische reine Wissensvermittlung hinaus, soll doch Handlungsfähigkeit der Lernenden im jeweiligen (Fach-) Kontext auf der Grundlage von Wissen, Fähigkeiten und Haltungen angestrebt werden. Wildt (2006) weist darauf hin, dass (kompetentes) Handeln allerdings erst zustande kommt, wenn auch eine motivationale Komponente vorhanden ist. Erst wenn Wissen, Können (= angewandtes Wissen) und die entsprechende Motivation in einer bestimmten Situation zu angemessenen Handlungen führen, sollte seiner Meinung nach von Kompetenz gesprochen werden. Weitergehend weist Wildt (2006) mit Bezug auf Weinert (2001) darauf hin, dass Kompetenzen dynamisch anzusehen sind, also der ständigen (Weiter-)Entwicklung im Rahmen von Lernprozessen unterliegen. Wir unterscheiden im Weiteren deshalb ein Kompetenzstrukturmodell, das hilfreiche und erwerbbare Diversitykompetenzen benennt (7.1), von einem Kompetenzentwicklungsmodell, das einen möglichen Weg der Entwicklung dieser Kompetenzen beschreibt (7.2).

7.1 Diversitykompetenz als Strukturmodell

Der Begriff der Lehrkompetenz beinhaltet ein Verständnis von Lehre als Vermittlungsaufgabe, die in der Moderation von Lernprozessen durch Lehrende besteht. Dazu wirken die vier Schlüsselkompetenzen Fach-, Methoden-, Sozial- und Selbstkompetenz (zur Herleitung vgl. Schaper et al. 2012, 13ff.), ergänzt um Systemkompetenz (wie bei Ingeborg Stahr 2009) der Lehrenden zusammen. Überträgt man dieses Strukturmodell auf Diversitykompetenz, verstanden als die Fähigkeit eines Individuums, mit menschlichen Unterschieden wie Gemeinsamkeiten wertschätzend und konstruktiv umzugehen, so lässt sich nun in den eben genannten fünf Dimensionen in eine Art Idealprofil der Diversitykompetenz von Lehrenden auffächern (s. Abb. 12):

- *Fachkompetenz* meint, dass die Lehrperson in der Lage ist, fachwissenschaftliche Bezüge zu Diversity herstellen und diese hochschuldidaktisch angemessen in Lehr-Lern-Prozesse einbetten zu können.
- *Methodenkompetenz* beinhaltet, dass Lehrende über ein didaktisches Repertoire für die diversitätsorientierte Auswahl, Planung und Umsetzung von Lehr-Lern-, Beratungs- und Prüfungsformaten verfügen.
- *Sozialkompetenz* umfasst die Gesamtheit an Fähigkeiten Lehrender, in der sozialen Interaktion diversitätsgerecht zu handeln.
- *Selbstkompetenz* ist die Fähigkeit, sich selbst und anderen gegenüber eine empathische, positive und wertschätzende Haltung im Sinne eines „Ich bin ok – du bist ok“ (Harris 1963) einnehmen und sich permanent selbstreflexiv weiterentwickeln zu können.
- *Systemkompetenz* bezieht sich auf die Fähigkeit von Lehrenden, den Bezug zum umgebenden System Hochschule herzustellen, welches die eigenen Handlungsmöglichkeiten beeinflusst.

Fachkompetenz

- Begriffsverständnis von Heterogenität, Diversität, Inklusion
- Fachimmanente und fachübergreifende Diversity-Aspekte erkennen und in die eigene Lehre integrieren können
- Lehr-Lerntheoretische Zugänge berücksichtigen können
- Unconscious Bias und Stereotype Threat in ihren Wirkungen auf das Lernen einschätzen können
- Fachliche Expertise auf unterschiedlichen Niveaustufen diagnostizieren können
- ...

Methodenkompetenz

- (Aktives) Zuhören
- Analytische Werkzeuge zur Erhebung der situativen Rahmenbedingungen des Lehrens und studentischen Lernens (z.B. Eingangs-Assessments, Feed-in) nutzen
- Materialien und Lernräume barrierefrei gestalten können
- Checklisten und Leitfäden für die Planung und Gestaltung von Lehrveranstaltungen kennen und nutzen (z.B. Gender, Sprache, Inklusion)
- ...

Systemkompetenz

- Rechtliche Rahmenbedingungen kennen (z.B. AGG, UN-BRK)
- Strategische Absichten der Hochschule(n) kennen und in ihren Auswirkungen auf dem Umgang mit Diversität in Studium und Lehre einschätzen können
- Infrastrukturelle Rahmenbedingungen kennen und nutzen können
- Module und Studiengänge diversitätsgerecht konzipieren können
- ...

Sozialkompetenz

- Verständlich, sachgerecht und zielgruppenorientiert kommunizieren können:
  - Beziehungen aufbauen
  - Gruppen leiten
  - Kommunikations- und Interaktionskonflikte lösen
- Differenzierung und Individualisierung interaktiv herstellen können
- Diskriminierungsfreie Lernräume herstellen können
- Empowerment ermöglichen können
- ...

Selbstkompetenz

- Unconscious Bias und Stereotype Threat bewusstmachen und reflektieren können
- Vielfältige Perspektiven einnehmen können
- Die eigene Lehrperspektive (z.B. TPI) und damit verbundene Lehrformate reflektieren können
- Offen sein, die eigenen pädagogischen Überzeugungen zu hinterfragen
- Persönlich Abstand nehmen und „engagierte Distanz“ von Geschehnissen in Situationen zeigen können
- Selbst- und Fremdwahrnehmung trennen können
- Bereitschaft zeigen, sich zu ändern
- Diversitätsgerechte Handlungsroutinen entwickeln können
- ...

Abb. 12: Diversitykompetenzen Lehrender
Quelle: Eigene Darstellung

7.2 Diversitykompetenz als Entwicklungsmodell

Im vorangegangenen Abschnitt wurden Kompetenzen normativ-inhaltlich beschrieben, über die Lehrende verfügen sollten, um in bestimmbaren Situationen diversitätsgerecht handeln zu können. Was damit noch nicht geklärt ist: Welche Vorstellungen bestehen darüber, wie man sich von einer Kompetenzstufe zur nächsten entwickeln kann? Dies ist für Lehrende von großer Bedeutung, denn es betrifft die eigene Weiterentwicklung genau so wie auch die der Studierenden. Ergänzend zu dem im vorangehenden Abschnitt vorgestellten Kompetenz*struktur*modell geht es hier nun um ein Kompetenz*entwicklungs*modell (z.B. Hammann 2004).

Um deutlich zu machen, dass es in diesem Abschnitt um Sie als Leser*in und Ihre Entwicklung geht, werden wir mit einem konkreten Beispiel beginnen und Sie im Weiteren direkt ansprechen.

Beginnen wir mit der Frage, wie man den eigenen Kompetenzentwicklungsbedarf überhaupt erkennt?

Fallbeispiel

Sie befinden sich in Ihrem Seminar und geben Studierenden Feedback zu den eingereichten, noch verbesserbaren ersten Versionen ihrer Hausarbeiten. Sie sind enttäuscht, dass es bei der Mehrheit der Arbeiten an vielen Stellen an der notwendigen Rechtschreibung hapert, Quellen nicht immer ausreichend kenntlich gemacht wurden – teilweise wurde aus den Veranstaltungsunterlagen ohne weitere Hinweise zitiert – und einige Studierende auch offensichtlich voneinander abgeschrieben haben. Sie weisen erneut auf die anzuwendenden wissenschaftlichen Standards hin, erläutern nochmals die Zitierregeln und betonen, dass Einzelarbeiten abzugeben sind. Vier Wochen später sehen Sie die eingereichten Arbeiten zur Bewertung durch und stellen fest, dass sich nicht wirklich etwas an der Qualität getan hat. Sie überlegen nun, wie Sie mit der Situation umgehen.

Was sind Ihre Gedanken hierzu? Hätte man strenger sein müssen? Haben Sie sich evtl. nicht deutlich genug ausgedrückt? Wurde nicht genug Verbindlichkeit hergestellt, weil eine schriftliche Dokumentation der einzuhaltenden Standards fehlte? Sind die Studierenden unmotiviert oder haben sie kein Interesse am Fach? Nehmen sie Sie nicht ernst?

Wir unterbrechen hier und schauen, was just passiert: Sie machen sich Gedanken, reflektieren auf die Situation und überlegen, woran es gelegen haben könnte, ob es evtl. auch Versäumnisse Ihrerseits gegeben hat, die zu den für Sie unerwünschten Ergebnissen geführt haben?

Dieser Denkvorgang lässt sich nach Daniel Kahneman (2011) gut abbilden mit einem in der Psychologie weit verbreiteten Modell, in dem es zwei Modi gibt, in denen unser Gehirn arbeitet: System 1 und System 2. System 1-Denken ist schnell, automatisiert und navigiert uns ohne bewusste Kontrolle mühelos durch unser tägliches Leben. System 2-Denken dagegen ist langsam, basiert auf bewussten Überlegungen und ist damit aufwändig. Menschen arbeiten zu 80-90% ihrer Zeit im unbewussten System 1-Modus (Bohnet 2016, 40), auch bei hohem Bildungsniveau (z.B. Chapman et al. 2013).

Kommen wir zurück auf unser kleines Fallbeispiel: Ihre ersten, nicht weiter bedachten spontanen Reaktionen entstehen in Ihrem System 1. Das könnten Schuldzuweisungen sein, z.B. dass die Studierenden wieder einmal nicht aufgepasst haben oder sich für das Fach nicht interessieren oder einfach faul sind. Haben Sie Assoziationen in solch eine Richtung gehabt oder kennen Sie sie aus anderen Kontexten? Dann „sehen“ Sie, wie System-1 Denken funktioniert?

Kognitive Beschränkungen des Systems 1:
Beispiele zum Ausprobieren
https://youtu.be/2UNq2ureh3k

Kommen wir jetzt auf die Nachteile des auf Schnelligkeit und Effizienz ausgerichteten Systems 1 zu sprechen. Wenn man sich folgende Fragen stellt (Dellenty 2019, 60f.), zeigt sich nämlich schnell, dass System 1 seine Grenzen hat:

- Sind unsere ersten Eindrücke immer korrekt?
- Was passiert, wenn wir auf Grundlage unserer ersten Eindrücke handeln?

- Welche Annahmen sind in unseren Überlegungen enthalten über Studierende, Mitarbeiter*innen, Kolleg*innen oder andere Beteiligte?
- Inwiefern können die von uns getroffenen Annahmen zu Missverständnissen führen?

Dies ist eine machtvolle Übung, wenn man sie nicht nur allein, sondern mit anderen, z.B. Studierenden oder Kolleg*innen, durchführt.

Wenn Sie mit Hilfe dieser Fragen nun einmal ganz bewusst System 2 einschalten, zu welchen Schlussfolgerungen kommen Sie?

Stellen Sie fest, dass sich die eine oder andere Annahme als unpassend herausstellt? Wissen Sie evtl. doch nicht genug über Ihre Studierenden, deren Bildungshintergrund, das Vorwissen in Sachen wissenschaftliches Arbeiten, familiäre Verpflichtungen, die ein regelmäßiges Arbeiten verhindern, Sprachschwierigkeiten, so dass es gute Gründe gibt, die jeden Einzelfall nachvollziehbar machen? Dann wären die Studierenden doch nicht so gleich, wie sie Ihnen oberflächlich gesehen erschienen?

Es lässt sich erkennen, dass der schnelle, energiesparende Modus des Systems 1 erreicht wird, indem über bestimmte Punkte einfach nicht weiter nachgedacht wird. Stattdessen werden bekannte Denkmuster eingesetzt, die mit Vorurteilen und Stereotypen gespickt sind.

> Stereotypen und Vorurteile stehen [...] in einem sehr engen Zusammenhang und sind deshalb oft schwer voneinander abzugrenzen. Ein wichtiges Unterscheidungsmerkmal ist jedoch, dass sich das Vorurteil auf verschiedene Weise äußern kann (z.B. durch Handeln), der Stereotyp sich immer verbal äußert. Stereotype sind eher jene vereinfachten Denkmuster, die sich durch neue Erkenntnisse verändern, Vorurteile hingegen solche, die eher nicht verändert werden. (Gaidosch et al. 2002, 17)

Sie werden routinisiert verwendet, ohne es zu merken. In der Regel sind Menschen sich nämlich nicht bewusst darüber oder lehnen es sogar explizit ab, anzuerkennen, dass Voreingenommenheit (Bias) ein fest verwobener Teil ihrer routinisierten Entscheidungsprozesse ist (Pronin et al. 2004; Uhlmann & Cohen 2007). Bias an sich ist nichts Schlechtes, er half und hilft uns, zu überleben, wenn bspw. Gefahr im Verzuge ist. Wir müssen uns aber im Klaren darüber sein, dass die Geschwindigkeit ihren Preis hat: Das sind mögliche Kurz- und Fehlschlüsse, die der Situation und den betroffenen Menschen nicht gerecht werden. Die gute Nachricht, es ist schon viel bekannt über kognitive Verzerrungen (eine exzellente Übersicht findet sich bei Manoogian 2016). Wir picken hier einige heraus, die zum Thema dieses Buches passen (Kahnemann 2011; Pohl 2017):

- Confirmation bias/Bestätigungsfehler: Beschreibt die Neigung, Informationen so auszuwählen und zu interpretieren, dass sie die eigenen Erwartungen erfüllen.
- Correspondence bias/Attributionsfehler: Beschreibt die Neigung, die Ursache für ein beobachtetes Verhalten zu oft in (invarianten) „Charaktereigenschaften" der betreffenden Person und zu selten in den (variablen) Merkmalen der jeweiligen Situation zu suchen.
- Familiarity bias/Vertrautheitsfehler: Beschreibt die Neigung, gewohnte, bekannte Menschen, Dinge oder Orte neuen gegenüber zu bevorzugen.
- Gender bias/geschlechtsbezogener Verzerrungseffekt: Beschreibt die Neigung, Vermutungen anzustellen, die Rollenklischees entsprechen, z.B. Doktor = Mann, Schreibkraft = Frau.
- Cross-Race-Effect: Beschreibt die schlechtere Wiedererkennungsleistung von Gesichtern, die nicht der eigenen Ethnie entstammen im Vergleich zu Gesichtern der eigenen ethnischen Gruppe.
- Stereotyping: Beschreibt (positive oder negative) Verallgemeinerungen einzelner Merkmale einer Gruppe als für alle Angehörigen der Gruppe geltend, z.B. Asiaten sind fleißig, können aber nicht kooperativ arbeiten.
- Blind spot bias/Verzerrungsblindheit: Beschreibt die Tendenz, sich selbst für unbeeinflusst zu halten und keinen Bias zu haben.

Um Ihren unbewussten Vorurteile z.B. bezüglich Geschlecht, Alter, Hautfarbe, Körpergewicht auf die Schliche zu kommen, können Sie hier den impliziten Assoziationstest (IAT) ablegen:

https://implicit.harvard.edu/implicit/germany/selectatest.jsp

(Hinweis: Es ist in der Forschung strittig, ob sich unbewusste Vorurteile zuverlässig ermitteln lassen. Die bisherigen Ergebnisse deuten darauf hin, dass entsprechende Tests keine besseren Resultate liefern, als Selbsteinschätzungen. In jedem Falle ergibt sich aber ein Anlass zur Selbstreflexion.)

Wir können uns vor diesen Wahrnehmungsverzerrungen schützen, indem wir unser System 2 bemühen, uns also systematisch mit einer Situation beschäftigen, Fragen stellen, uns mit anderen darüber unterhalten, verschiedene Perspektiven berücksichtigen, fehlende Informationen bemerken.

Bei Beeler (1991) findet sich hierzu ein passendes Modell, das Bewusstsein und Kompetenz miteinander in Beziehung setzt:

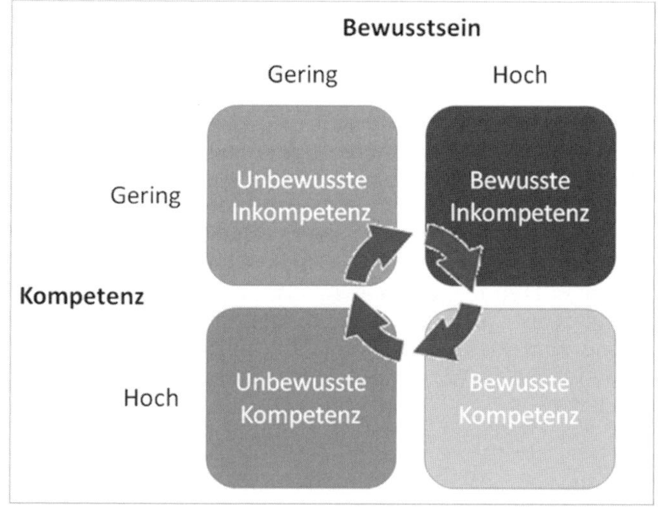

Abb. 13: Bewusstseins-Kompetenz-Matrix
Quelle: In Anlehnung an Beeler 1991, 165.

Kompetenz kann danach nur gezielt entwickelt werden, wenn ein Bewusstsein für die eigene Inkompetenz vorliegt. Ausgangspunkt der Kompetenzentwicklung ist ein Zustand der *unbewussten Inkompetenz*. Das Individuum handelt inkompetent, ist sich selbst darüber aber nicht im Klaren, es leidet an Selbstüberschätzung. Kruger & Dunning (1999) haben hierzu geforscht und festgestellt, dass Menschen in einem Zustand der unbewussten Inkompetenz unter einer doppelten Bürde leiden: „Not only do these people reach erroneous conclusions and make unfortunate choices, but their incompetence robs them of the metacognitive ability to realize it" Kruger & Dunning (1999, 1132). Soll also Lernen nicht nur über reine Nachahmung erfolgen, ist ein Zustand des Bewusstseins über die eigenen Fähigkeiten notwendig. Dies ist genau der Schritt, sich über die Aktivierung von System 2 der eigenen (kognitiven) Beschränkungen bewusst zu werden. Plastisch gesprochen, liegt der Unterschied zwischen der unbewussten und der *bewussten Inkompetenz* darin, entweder nicht zu wissen oder zu wissen, was man nicht weiß bzw. kann.

Beispiel zu gendergerechter Sprache:

Man kann in bester Absicht das generische Maskulinum (z.B. Studenten) verwenden und dabei der Auffassung sein, dass immer alle „mitgemeint" seien. Studien zeigen nun aber, dass dies nicht der Fall ist und sich die nicht angesprochenen Gruppen – hier weibliche oder diverse Studierende – eben *nicht* mitgemeint fühlen (z.B. Gäckle 2020, 30).

Genau mit diesem Übergang vom Unbewussten ins Bewusste, von System 1 zu 2, befasst sich die Metakognition (z.B. Kaiser & Kaiser 2006). Kurz gesagt, hat Metakognition „second-order cognitions: thoughts about thoughts, knowledge about knowledge, or reflections about actions" (Weinert 1987, 8) zum Gegenstand. Etwas weiter gefasst, geht es aber nicht nur um das, was man weiß oder nicht weiß, sondern auch um die Fähigkeit, die eigenen kognitiven Prozesse zu verstehen, zu kontrollieren und anzupassen (Shraw 1998).

Für Sie als Lehrende ergibt sich in diesem Zusammenhang die Rolle, Ihre Studierenden dabei zu unterstützen, achtsam (mindful) zu sein im Hinblick auf ihre eigenen ersten Reaktionen, wenn sie sich neuen Aufgaben oder Problemen gegenübersehen. Gewünscht – entsprechend des Bewusstseins-Kompetenz-Modells – ist es, sich der eigenen Reaktionen gewahr zu werden und mit System 2-Lösungen zu antworten. Wie so häufig sehen Sie sich als Lehrende einer doppelten Herausforderung gegenüber: Ihr eigenes Verhalten zu überprüfen und ggf. anzupassen und sich darüber hinaus zu überlegen, wie man Studierende mit metakognitiven Aktivitäten ebenfalls zu bewussten (System 2) Verhaltensweisen hinführen kann. Für Sie heißt das, Ihre Interaktionen mit Studierenden zu kontrollieren, aber gleichzeitig auch zu beobachten, wie Studierende miteinander umgehen.

Das Stadium der *bewussten Kompetenz* lässt sich erreichen, indem erforderliche Kompetenzen (weiter-)entwickelt werden. Neben der Handlungsmotivation lässt sich an den beiden Kompetenzelementen Wissen und Können (Skills; Penn State 2015, 9f.) ansetzen.

Beispiel zu gendergerechter Sprache (Fortsetzung):

Eignen Sie sich Wissen an, z.B. über die in- und exkludierenden Wirkungen von Sprache oder die verschiedenen Ausdrucksmöglichkeiten einer inklusiven Ansprache. Üben Sie, diese situationsgerecht – also: kompetent – anzuwenden.

An vielen Hochschulen liegen inzwischen Leitfäden zu gendergerechter Sprache vor – vgl. beispielsweise Universität zu Köln, überzeuGENDERe Sprache 2020.

Je nachdem, wie gut Wissen und Können ausgeprägt sind, markiert dies den Übergang zum kompetenten Handeln (zu den verschiedenen Phasenübergängen mit weiteren Beispielen und weiterführenden Überlegungen Linde & Auferkorte-Michaelis 2018, 304ff.). Aber auch auf dieser Stufe bleibt das Bewusstsein noch eingeschaltet. Howell (1982, 33) spricht davon, dass „thoughtful-analytical“ gehandelt wird. Die auf dieser Stufe erforderliche bewusste Analyse verhindert ein verzögerungsfreies, spontanes Handeln. Erst wenn die notwendigen Fähigkeiten internalisiert sind, erreicht man das Stadium der *unbewussten Kompetenz*, in dem man über (diversitätsgerechte) Handlungsroutinen verfügt, die automatisiert ablaufen und spontan, direkt und angemessen sind.

Beispiel zu gendergerechter Sprache (Fortsetzung):

Gendergerechte Sprache wird selbstverständlich und flüssig benutzt, ohne im Redefluss zu stocken und weiter darüber nachdenken zu müssen.

Genau in diesem zweifachen Wechselspiel von System 1 und 2, vom unbewussten zum bewussten und wieder zurück zum unbewussten Denken und Handeln, liegt der Schlüssel der Entwicklung von Kompetenzen: Sensibel zu bleiben und sich zu öffnen für unpassendes Verhalten, sich bewusst Kompetenzen anzueignen und bis zu einem Punkt weiterzuentwickeln, so dass sie als Routinehandlungen wieder ins Unbewusste abtauchen können.

Ein Appell zum Schluss: Fordern Sie Ihren Bias heraus, insbesondere den der blinden Flecken! Versuchen Sie herauszufinden, woher diese kommen und wie legitim sie sind. Wie könnte man ihnen angemessen begegnen und welche alternativen Denk- und Handlungsmuster könnten besser geeignet sein, um Lernenden besser gerecht zu werden? Eine gute Möglichkeit hierfür ist Feedback von außen und (Selbst-)Reflexion, z.B. durch innere Dialoge ggf. auch mit Hilfe von Leitfragen.

Vermeidung vorschneller Schlüsse: Beispiel für die Aktivierung von System 2 mit Hilfe der DIVE-Methodik: https://www.youtube.com/watch?v=HgaoGubbFJA&feature=youtu.be

Wir empfehlen weiterführend z.B. das – allerdings mit geringen Kosten verbundene – Selbstlernprogramm zur Metakognition der UKEd Academy: https://uked.academy/courses/mts/

8 Lehren planen mit Diversity-Check

Lehrveranstaltungen zu planen, liegt weitgehend in der Eigenverantwortung der Lehrenden. Von den zukünftigen Absolvent*innen zu erwartende fachwissenschaftliche Kompetenzen und Schlüsselqualifikationen begründen die Curricula der Studiengänge. Dadurch wird die Frage „Was wird gelehrt?“ durch die fachwissenschaftliche Expertise der Lehrenden geklärt. Bei den Fragen „Wie wird gelehrt?“ und „Wie wird gelernt?“ kommen hochschuldidaktische Kompetenzen für die Gestaltung von Lernsituationen ins Spiel. In diesem Kapitel geht es um die diversitätsgerechte Planung einer Lehrveranstaltung. Dazu stellen wir Ihnen zuerst ein allgemeines Modell vor, das die Planung von Lehrveranstaltungen in sechs Schritte unterteilt. Anschließend zeigen wir Ihnen anhand eines praktischen Beispiels, wie jeder einzelne Schritt diversitätsgerecht durchgeführt werden kann.

8.1 Learning Outcome orientierte Planung von Hochschullehre (LOOP)

Die Planung zur Gestaltung von Lehrveranstaltungen, Modulen oder Studiengängen startet mit der Formulierung der intendierten Ergebnisse als Learning Outcomes. Von dieser intendierten Zielsetzung aus werden alle weiteren Planungen unternommen und immer wieder hinsichtlich ihrer sinnhaften Verbindung mit den intendierten Learning Outcomes überprüft. Im deutschsprachigen Raum wird synonym häufig der Begriff des Lernergebnisses genutzt. Learning Outcomes bzw. Lernergebnisse lassen sich als Aussagen darüber beschreiben, was Studierende nach Abschluss eines Lernprozesses, d.h. im Anschluss an die Teilnahme an einer Veranstaltung oder eher noch in der Regel nach Beendigung eines Moduls und in jedem Falle zum Abschluss eines Studiengangs, wissen und können sollten (vgl. hierzu Brendel et al. 2019, 42ff.). Es geht also darum, so resümiert die Hochschulrektorenkonferenz in ihrer Handreichung zur praktischen Formulierung von Lernergebnissen,

> welche Kompetenzen Studierende im Laufe ihres Studiums erwerben. Lernergebnisse werden üblicherweise in zwei Dimensionen beschrieben: dem (fach-/wissensbezogenen) Inhalt, und einer Beschreibung dessen, was mit oder an den Inhalten gemacht werden soll. (HRK 2015, 2)

Diese Ausrichtung auf kompetenzorientierte Learning Outcomes setzt voraus, dass Lernen eine aktive Leistung ist. Damit wird festgelegt, dass individuelle Voraussetzungen und die Verschiedenheit der Studierenden als Lernende relevant werden für Lehr-Lernprozesse, da die Learning Outcomes von den Perspektiven der Lernenden ausgehen und auch nicht von ihnen selbst geplant werden, weder von den Zielsetzungen her noch von der Gestaltung. Lehrende, auf der anderen Seite, können keine Garantie für die Lernergebnisse von Studierenden übernehmen, aber es wird ihnen eine neue Verantwortung übertragen. Diese besteht darin, den Kompetenzerwerb der Studierenden aus der Sicht des studentischen Lernens her zu denken, anstatt von ihrer eigenen wissenschaftlichen Perspektive, der Systematik der entsprechenden Fachinhalte, auszugehen. Dies ist gemeint, wenn vom viel zitierten Paradigmenwechsel die Rede ist, das Lehren vom Lernen her zu denken („a shift from teaching to learning“, Barr & Tagg 1995).

Wir bezeichnen deshalb Learning Outcomes bzw. Lernergebnisse und Kompetenzerwerb als „intendiert“, da Lehrende für deren Erreichung keine Gewähr leisten können. Damit wird die Diversität für jeden Lehrenden ein Querschnittsthema bei der Planung und Gestaltung von Lehr-Lernprozessen, denn die Voraussetzungen der Studierenden, die intendierten Lernergebnisse erreichen zu können, sind immer vielfältig und es entsteht zwangsläufig ein Bedarf, unterschiedliche Lernwege zu eröffnen.

In dem hier vorgeschlagenen Modell (s. Abb. 14), adaptiert nach Cowan & Harding (1986), steht das intendierte Learning Outcome (LO) im Mittelpunkt. Nach jedem Planungsschritt, so die Empfehlung, sollte man sich fragen, ob man den Lernprozess der Studierenden ausreichend im Blick der Lehrplanung behält und ein hinreichend enger Bezug zu den LOs gegeben ist.

Studiengang: Qualifikationsprofil
„(Graduate) Learning Outcomes"
Modul:
Lernergebnisse (Learning Outcomes)
Lernform, Veranstaltung
Wissen & Können nachher
Jeweils fachlich und überfachlich!

Veränderungen: Qualitätsentwicklung

LO
Evaluation und Feedback auf den Lehr-Lernprozess

LO

LO
(Über)Prüfung der zu erwerbenden Kompetenzen: Wie lassen sich die Ergebnisse prüfen? **Woran wird Erlerntes sichtbar?**

LO
Inhalte:
Beispiele, Gegenstände, Modelle, Methoden der Fachwissenschaften und überfachliche Aspekte
Was wird wie gelehrt?

LO
Interaktion im Lehr-Lernprozess:
Konzepte, Methoden und Medien
Wie wird was gelernt?

Abb. 14: Learning Outcome orientierte Planung von Hochschullehre (LOOP)
Eigene Darstellung, adaptiert nach Cowan & Harding 1986, 105

Mit dem Blick auf die LOs, die in Unterlagen (z.B. Modulbuch) zum Studiengang in der Regel bereits formuliert vorliegen, haben Lehrende häufig direkt gute Ideen, welche Inhalte, also welche fachlichen Beispiele, Modelle, Theorien und Materialien, hierzu passen könnten. Das hier vorgeschlagene Modell zur Gestaltung von Lehr-Lernprozessen sieht diese Dimension der Inhalte, das „Was wird wie gelehrt?“, aber erst als vierten Planungsschritt vor. Wichtig für die Planung anhand des Modells ist es, die ersten guten Ideen für die Auswahl der Inhalte erst einmal nur vorläufig festzuhalten und sich dann modellgemäß als erstes der Frage der *(Über-)Prüfung* der zu erwerbenden Kompetenzen zu widmen. Für Lehrende konkretisiert sich dies bei der Planung mit der Fragestellung: „Können durch die formativen und summativen Prüfungsanforderungen und -aufgaben die intendierten Lernergebnisse sichtbar gemacht werden?“

Erst wenn die (Über-)Prüfung der Lernergebnisse geplant ist, sollte im Sinne des „Constructive Alignment“ (Biggs & Tang 2011) in einem nächsten Schritt hierzu passend die Gestaltung der *Interaktionen* überlegt werden. Mit Interaktionen sind hier sowohl die Kommunikation mit anderen Studierenden und der Lehrperson als auch der Umgang mit den fachinhaltlichen Gegenständen gemeint. Das Constructive bezieht sich dabei auf die Idee, dass nur die Studierenden selbst Anknüpfungspunkte an eigene Erfahrungen oder Vorwissen zu Inhalten in der Lehrveranstaltung aktivieren können. Sie entwickeln neue Bedeutungen von altem und neuem Wissen, indem sie für sich geeignete Lernaktivitäten entdecken oder auch selbst entwickeln. Alignment bezieht sich auf die Lehraktivität, die es Lehrenden zur Aufgabe macht, eine Lernumgebung bzw. einen Lehrprozess so zu gestalten, dass die Lernaktivitäten der Studierenden unterstützt werden, die intendierten Lernergebnisse erreichen zu können (vgl. Biggs 2003). Die ursprünglich von Biggs (1999) entwickelte Konzeption zielt darauf ab, dass das Gelernte in Prüfungen wie auch den zugehörigen Bewertungskriterien sichtbar wird. Der Formulierung der intendierten Learning Outcomes kommt hierbei eine hohe Bedeutung zu, die geübt und überprüft werden sollte (Brendel et al. 2019, 42ff.).

Die Planung von Interaktion und Inhalt erfolgt in einem Wechselspiel. Die *Inhalte* werden ausgewählt, geleitet davon, womit entsprechende Lernergebnisse erzielt werden könnten. Sie dienen damit als Material zur Fütterung der Interaktionen oder umgekehrt wird zu zentralen Inhalten überlegt, welche Interaktionen ermöglicht werden sollten, damit die Inhalte auch gelernt werden können.

Feedback und Evaluation, der fünfte Schritt im Modell, bezieht sich sowohl auf den Lehr-Lernprozess als auch auf die Lernergebnisse selbst. Rückmeldungen werden zu einer Aufgabe von Studierenden und Lehrenden, die bereits bei der Veranstaltungsplanung bedacht werden sollte. Hierfür können neben standardisierten Instrumenten, die hochschulseitig in der Regel zur Verfügung gestellt werden, eigene Ideen für semesterbegleitende evaluative Elemente geplant werden, die zur Auswertung und Reflexion beitragen. Letztlich führen diese als Qualitätsentwicklung zu Entscheidungen, die zur Veränderung intendierter Lernergebnisse beitragen und somit auch Bestandteil von Curriculumentwicklung des Moduls und Studiengangs sind.

Nachfolgend wird anhand eines praktischen Beispiels nachgezeichnet, wie eine Lehrveranstaltungsplanung diversitätsgerecht stattfinden kann. In diesem sogenannten Diversity-Check kombinieren wir das soeben vorgestellte LOOP-Modell mit dem HEAD Wheel (Kap. 5). Das HEAD Wheel liefert Leitfragen zu potenziell relevanten Diversitätsmerkmalen, die in jedem LOOP-Planungsschritt gestellt werden können.

8.2 Beispiel einer Veranstaltungsplanung mit Diversity-Check

Die Anwendung der fünf Planungsschritte der **L**earning **O**utcome **o**rientierten **P**lanung von Hochschullehre (LOOP) werden anhand einer Lehrveranstaltung von Frank Linde im Bachelor-Studiengang „Data- and Information-Science" mit dem Titel „Information in Unternehmen" vorgenommen und einem „Diversity-Check" unterzogen. Es handelt sich um eine Veranstaltung mit 6 ECTS und 4 SWS Kontaktzeit für ca. 80 Studierende im ersten Semester.

Zum **ersten Schritt** der Formulierung der Learning Outcomes: An der Technischen Hochschule Köln (TH Köln) werden Learning Outcomes generell kompetenzorientiert mit der „Was? Womit? Wozu?-Struktur" formuliert. Das bedeutet im Einzelnen: *Was* soll gelernt werden, *womit*, mit Hilfe welcher Begriffe, Formeln, Theorien, Modelle soll gelernt werden und *wozu*, also auf welches dahinterliegende Ziel, z.B. bestimmte berufliche Fähigkeiten, soll gelernt werden.

Steckbrief zur Formulierung von Learning Outcomes der TH Köln:
www.th-koeln.de/mam/downloads/deutsch/hochschule/profil/lehre/steckbrief_learning_outcomes.pdf

Da mit der Formulierung des „Womit" schon konkrete Festlegungen darauf erfolgen, was die Studierenden im Laufe der Veranstaltung kennenlernen und/oder üben sollen, sind in dem nachfolgenden Beispiel für die intendierten Learning Outcomes sowohl bereits inhaltliche Aspekte als auch lernrelevante Interaktionen benannt.

Bitte beachten Sie: Es kann sehr gut sein, dass Learning Outcomes in Ihren Modul(hand)büchern nicht so konkret und handlungsorientiert beschrieben werden wie im nachfolgenden Beispiel. Dann bedarf es bei der Planung einer stärkeren eigenen Auseinandersetzung mit den Inhalten und Interaktionen und ggf. auch einer eigenständigen Konkretisierung der LOs.

Learning Outcome der Veranstaltung „Information in Unternehmen“, Prof. Dr. Linde, TH Köln

Die Studierenden

- können Informationen über erfolgskritische Größen in Unternehmen ermitteln und so aufbereiten, dass sie für Managemententscheidungen genutzt werden können, (*was*)
- indem Sie (*womit*)
  - einen Businessplan zu einem vorgegebenen Unternehmen angeleitet erstellen und das Ergebnis präsentieren,
  - sich relevante betriebswirtschaftliche Sachverhalte einzeln und in Gruppen selbstständig erschließen,
  - für die Steuerung eines Unternehmens relevante Informationen, speziell aus dem internen und externen Rechnungswesen, identifizieren und in Form eines Dashboards bereitstellen,
  - Qualitätskriterien für einen Businessplan und ein Dashboard entwickeln und anwenden
- damit sie in der betrieblichen Praxis Entscheidungsunterstützung liefern können. (*wozu*)

Dem LOOP-Modell folgend ist der **zweite Planungsschritt** die Überprüfung der angestrebten Lernergebnisse. Als Lehrende*r ist die Leitfrage für Sie: „Wie erfolgt die Überprüfung und woran kann Erlerntes sichtbar werden?“

Beispiele anhand der Veranstaltung „Information in Unternehmen“	Diversity-Check mit Beispielen für mögliche Leitfragen anhand des HEAD Wheels aus den verschiedenen Segmenten	Geplante Maßnahmen
Studierende berücksichtigen bei der Entwicklung ihres Dashboards die relevanten Einflussgrößen eines Wirkungsnetzes auf den Unternehmenserfolg. Komplexität und Realitätsbezug des Wirkungsnetzes und des Dashboards werden anhand von gemeinsam entwickelten Qualitätskriterien bewertet (z.B. Anzahl, Relation, sachlicher Bezug, Relevanz für d. Unternehmenserfolg, Beeinflussbarkeit). Studierende geben sich gegenseitig Feedback auf Basis dieser Kriterien, um zu überprüfen, ob und wie sie sie anwenden. Die abschließende Bewertung erfolgt durch den Lehrenden.	Demografisch: Gibt es Studierende mit physischer oder psychischer Beeinträchtigung, die durch das Prüfungsdesign benachteiligt werden?	Studierende einladen, sich bei Bedarfen an die Lehrperson oder zentrale Anlaufstellen zu wenden: z.B. Klärung von Möglichkeiten für Nachteilsausgleich.
	Verstehen Studierende mit nicht muttersprachlichem Hintergrund die Prüfungsaufgaben?	Alternative Prüfungsangebote erwägen.
	Kognitiv: Werden Studierende mit umfassenderer Praxiserfahrung bevorteilt, weil sie Definitionen und Anwendungsbezüge bereits kennen?	Die Praxiserfahrung der Studierenden wird erfragt und bei der Zusammenstellung der Gruppenarbeit im Hinblick auf die Prüfungsleistung berücksichtigt.
	Könnten Effekte des Stereotype Threat in der Prüfungssituation auftreten?	Prüfungsaufgaben genderneutral formulieren.
	Funktional: Aus welchen Studiengängen und Semestern setzen sich die Studierenden zusammen und entstehen dadurch Vor- oder Nachteile?	Transparenz über Prüfungsanforderungen herstellen und sie erklären.

Tab. 1: LOOP Schritt 2: Planung der Überprüfung der Lernergebnisse

In **Schritt drei** werden die Interaktionen geplant mit der Leitfrage: „Wie wird was gelernt?“

Beispiele anhand der Veranstaltung „Information in Unternehmen“	Diversity-Check mit Beispielen für mögliche Leitfragen anhand des HEAD Wheels aus den verschiedenen Segmenten	Geplante Maßnahmen
Die Studierenden lernen potenziell relevante Einflussgrößen anhand der angeleiteten Erstellung eines Businessplans kennen und entwickeln dadurch Verständnis für betriebswirtschaftliche Zusammenhänge in Unternehmen. Studierende nutzen die Daten einer Unternehmenssimulation und erstellen damit Wirkungsnetze. Anhand eines Dashboards visualisieren Studierende entscheidungsvorbereitende Größen. Die Studierenden arbeiten das Semester über in einer Gruppe. Aufgabenbezogenes Peer-Feedback der Studierenden untereinander erfolgt kriteriengeleitet. So lernen die Studierenden Qualitätskriterien für die Arbeitsergebnisse kennen und anwenden.	Demografisch: Gibt es Studierende mit Verpflichtungen aus anderen Lebensbereichen, die auf Veranstaltungszeiten und selbstbestimmte Lerneinheiten festgelegt sind und nicht die für die Gruppenarbeit notwendige Flexibilität anbieten können?	Erwartungen an die Beteiligung der Studierenden in den Präsenz- und Selbstlerneinheiten frühzeitig kommunizieren, z.B. über Veranstaltungsankündigungen und in der ersten Sitzung ansprechen. Gruppenarbeitszeiten im Vorfeld ausweisen und auf freie Zeitfenster im Stundenplan hinweisen, so dass sie für Studierende planbar werden.
	Gibt es Studierende, die je nach Erfahrungen mit der Arbeit in und der Leitung von Gruppen Vor- oder Nachteile haben (z.B. dass deren Gruppen schneller arbeitsfähig werden oder wie gern in Gruppen gearbeitet wird)?	Das Vorwissen in BWL der Studierenden wird erfragt und bei der Zusammenstellung der Gruppenarbeit im Hinblick auf die Arbeitsfähigkeit berücksichtigt.
	Wie werden die studentischen Gruppen kompetent im Umgang mit ihrer Diversität?	Sensibilisierungsübungen für den Wert der Vielfalt.
	Kognitiv: Gibt es Studierende, die erwarten Lehrinhalte vom verantwortlichen Lehrenden vermittelt zu bekommen?	Didaktisches Konzept erläutern, Studierende um Feedback bitten und dazu Rückmeldungen geben.
	Funktional: Wie agiere ich im Lehr-Lernprozess den Studierenden gegenüber in meinen verschiedenen Rollen als Lehrperson, Beratender und Prüfender?	Rollenvielfalt für sich klären und den Studierenden gegenüber in den jeweiligen Situationen ansprechen, so dass sie wissen, wann gelehrt, beraten oder geprüft wird.

Tab. 2: LOOP Schritt 3: Planung der Interaktionen

Im LOOP-Modell werden erst im **vierten Schritt** die Inhalte festgelegt: „Was wird wie gelehrt?"

Beispiele anhand der Veranstaltung „Information in Unternehmen"	Diversity-Check mit Beispielen für mögliche Leitfragen anhand des HEAD Wheels aus den verschiedenen Segmenten	Geplante Maßnahmen
Instrumente der BWL zur Entscheidungsvorbereitung in Unternehmen: Businessplan, Wirkungsnetz und Dashboard	Demographisch: Gibt es kulturelle Normen und Werte, auf Grund derer die Inhalte abgelehnt werden könnten?	Werte und Emotionen der Studierenden gegenüber den Inhalten zum Gesprächsthema machen.
	Kognitiv: Welches inhaltliche Vorwissen ist notwendig, um der Veranstaltung folgen zu können?	Als Einführungsveranstaltung im ersten Semester sind keine BWL-Vorkenntnisse nötig, Begriffe, Definitionen und Instrumente werden eingeführt und geklärt.
	Gibt es Studierende mit (praktischem) Vorwissen, die die angebotenen Inhalte bereits kennen?	Studierende mit wirtschaftlicher Vorbildung kennen ggf. die Instrumente der BWL und können diese auch bereits anwenden. Vorkenntnisse können in der Interaktion eingebracht werden.

Tab. 3: LOOP Schritt 4: Planung der Inhalte

Im **fünften Schritt** erfolgen Evaluation und Feedback.

Beispiele anhand der Veranstaltung „Information in Unternehmen“	Diversity-Check mit Beispielen für mögliche Leitfragen anhand des HEAD Wheels aus den verschiedenen Segmenten	Geplante Maßnahmen
One-Minute-Paper während der Veranstaltung, in denen Studierende Gelerntes und auch offene Fragen nennen. Feedback zum Gruppenarbeitsprozess. Nachbereitung der Veranstaltung mit einem studentischen Reflexionsteam.	Übergreifend: Wird die Heterogenität der Studierenden bei der Wahl der Evaluationsmethoden berücksichtigt, so dass die Rückmeldungen repräsentativ für alle Teilnehmenden der Lehrveranstaltung sind?	Notendifferenzierung auf Basis der Rückmeldung der Studierenden zum Gruppenarbeitsprozess. Berücksichtigung unterschiedlicher Studierender im Reflexionsteam. Ergebnisse der Evaluation und Feedback reflektieren, ggf. mit Studierenden diskutieren und als Veränderungspotenzial nutzen, wie in den 5 Schritten der lernergebnisorientierten Planung von Hochschullehre (LOOP) vorgesehen.

Tab. 4: LOOP Schritt 5: Evaluation und Feedback

Folgende Veränderungen haben sich als **Schritt sechs** aus den Evaluationen und dem Feedback ergeben: Ein zentraler Punkt aus dem One-Minute-Paper Feedback der Studierenden aus dem vorangegangenen Semester war der Wunsch nach mehr Input durch die Lehrperson. Nachfragen in der Lehrveranstaltung ergaben, dass für einen Teil der Studierenden erläuternde Vertiefungen zu schwierigen Inhalten hilfreich wären. Daher ist als Veränderung geplant, Powerpoint-Tutorials zur Unterstützung der Selbstlernphasen der Studierenden zu produzieren.

Aus dem vorgestellten Zusammenspiel von HEAD Wheel und dem LOOP-Modell ergeben sich viele mögliche Ansatzpunkte für eine diversitätsgerechte Neuplanung oder Überarbeitung von Lehrveranstaltungen. Sie sind herzlich eingeladen, Ihre nächste Lehrveranstaltung auf diese Weise zu untersuchen und anzureichern.

Diversitätsgerecht Lehre zu gestalten bedeutet häufig, dass den Lernenden unterschiedliche Zugänge zum Erwerb von Fachwissen ermöglicht werden, d.h. Lernen gefördert wird. Dazu bedarf es meist gar keiner spezifischen Methodik oder besonderen Didaktik, sondern vielmehr der bewussten Auseinandersetzung der Lehrperson mit dem „Wie wird was gelernt?“ und damit zusammenhängend dem „Wie kann das auch noch *anders* gelernt werden?“ Genau diese Auseinandersetzung führt zu einer Planung und Gestaltung von Lehr-Lerninteraktionen, die Studierenden vielfältige Lernwege ermöglicht.

9 Lehre gestalten: Diversität inklusive

Im nun folgenden Kapitel beziehen wir uns auf zwei typische Formate, die in dem Modell der Lehr-Lern-Settings (vgl. Kapitel 2.2) verortet werden können und die Lehrenden im Hochschulalltag sehr häufig begegnen: Den Lehrvortrag in Form der klassischen Vorlesung (Kap. 9.1) und die Arbeit mit Lerngruppen, wie sie inzwischen in vielen Lehrveranstaltungen (z.B. Seminaren) üblich ist. Gruppen anleiten und begleiten (Kap. 9.2) spielt in vielen Lehrkonzepten eine Rolle, wie z.B. in Projekten, beim forschenden Lernen oder auch bereits dann, wenn Studierende nur temporär zu Gruppen zusammengebracht werden.

9.1 Instruktionsorientiert lehren: die Vorlesung

Die Vorlesung ist wohl *das* klassische Format für die Hochschullehre. Umberto Ecco (1977/2014, 1f.) wirft einen historischen Blick auf die Idee der Vorlesung als Lehr-Lernformat:

> Früher war die Universität nur für eine Elite da. Es besuchten sie nur die Kinder von Leuten, die selber studiert hatten. Von wenigen Ausnahmen abgesehen, konnte jeder, der studierte, über seine Zeit frei verfügen. Die Universitätsausbildung war so angelegt, daß man sie in Ruhe absolvieren konnte – mit ein wenig Zeit zum Studieren und ein wenig für die 'gesunden' Ablenkungen des Studentenlebens, vielleicht auch für Aktivitäten in Vertretungsorganen. Die Vorlesungen waren anspruchsvolle Vorträge. Waren sie absolviert, so zogen sich die interessierten Studenten mit Professoren und Assistenten in ausgedehnte Seminare zurück, zehn bis fünfzehn Personen höchstens. [...] Aber die Universität von heute ist eine *Massenuniversität*. An ihr studieren Studenten aller Bevölkerungsgruppen, mit Abschlüssen der verschiedensten Art höherer Schulen. [...] In manchen Lehrveranstaltungen sind Tausende eingeschrieben. Der Professor kennt vielleicht dreißig von ihnen, die interessiert mitarbeiten, mehr oder weniger gut. [...] Unter ihnen sind viele, die in guten Verhält-

nissen leben, in einer gebildeten Familie aufgewachsen sind, mit einer kulturell lebendigen Umgebung Kontakt haben, sich Bildungsreisen leisten können [...] Dann sind da noch die *anderen* Studenten, die vielleicht gleichzeitig einer Arbeit nachgehen [...] Studenten, die manchmal zur Vorlesung kommen und sich abmühen müssen, im total überfüllten Hörsaal einen Platz zu finden; und die am Ende der Vorlesung gerne mit dem Dozenten sprechen würden, aber es warten schon dreißig, und sie müssen auf den Zug [...].

Wie kann die hier historisch beschriebene Vorlesung - geeignet für eine homogene Gruppe - für eine vielfältige heterogene Studierendenschaft zu einem Lehrformat werden, in dem Lernende mit unterschiedlichem Vorwissen, Lernerfahrungen, fachlichem Interesse und auch eigenen persönlichen Voraus- und Zielsetzungen auf dem selben Wege die selben Lernergebnisse erreichen? Das ist im Kern eine hochschuldidaktische Frage. Denn als die Vorlesung zu einer Massenveranstaltung wurde, wurde der direkte Dialog zwischen Lehrenden und Studierenden allein aufgrund der großen Anzahl der Personen zu einer didaktischen Herausforderung. Spätestens seit den Bildungsreformen der ausgehenden 1960er Jahre wird daher versucht, die Vorlesung didaktisch zu gestalten. Mit der Perspektive, das Lehren vom Lernen her zu denken und unter Berücksichtigung empirischer Befunde darüber, wie Lernen funktioniert, galt schon 1987 für die Hochschullehre „so wenig Frontalunterricht wie möglich, aber wenn schon, dann bitte ohne schlechtes Gewissen und mit didaktisch-methodischer Phantasie." (Mayer 1987, 193)

Die Vorlesung ist das Format, in dem mit Lehrvorträgen beispielsweise ein Überblick über ein Thema gegeben, in ein Themengebiet eingeführt oder über neue Erkenntnisse berichtet wird. Lernende können durch die Begeisterung von Lehrenden motiviert werde, wenn die eigene Geschichte erzählt bzw. der persönliche Bezug zum Thema von Lehrenden hergestellt wird (Bligh 2000). Insbesondere Letzteres, heute häufig angelehnt aus dem Journalismus als „Storytelling" bezeichnet, macht abstraktes Wissen durch den persönlichen Bezug lebendig und erleichtert später die Erinnerung. Menschen sind permanent von Geschichten umgeben, kommunizieren durch und über narrative Muster, lenken die Aufmerksamkeit ihrer Gegenüber und werden gelenkt. Daher werden wir nachfolgend hochschuldidaktische Hinweise zu Lehrvorträgen, die diversitätsgerechtes Lehren und Lernen fördern zunächst in Kap. 9.1.1 aufgreifen und dann anschließend in Kap. 9.1.2 dazu einladen, diese mit Storytelling zu gestalten.

9.1.1 Lehrvorträge halten

Der Lehrvortrag ist das zentrale Element in instruktionsorientierten Settings wie der Vorlesung oder auch Seminaren mit großen Studierendenzahlen. Solche Lehr-Lernsettings stellen das rezeptive Lernen der Studierenden in den Vordergrund:

> Unter ‚rezeptivem Lernen' wird dabei verstanden, dass der zu erwerbende Inhalt vom Lernenden nicht selbst entdeckt werden muss, sondern bereits in fertiger Form dargeboten wird. Von den Lernenden wird natürlich dennoch eine Reihe wissensbezogener Informationsverarbeitungsprozesse erwartet, etwa das Herstellen eines Bezugs des Gelernten zum Vorwissen. (Gruber & Renkl 2000, 161)

Donald A. Bligh zeigte in „What's the Use of lectures" (2000) empirisch geprüfte relevante Ergebnisse auf, dass Studierende während Diskussionen aufmerksamer, aktiver und nachdenklicher sind als während frontaler Vorträge. Er betont, dass die Studierenden, „wenn sie denken lernen sollen, in Situationen gebracht werden müssen, in denen sie dies tun müssen." (Bligh 2000, 10) Situationen, die zum selbstständigen Denken anregen, sind jene, in denen Studierende Fragen beantworten müssen, weil Fragen eine aktive mentale Antwort erfordern. Entsprechend empfiehlt Bligh Lehrvorträge eher zur Vermittlung von Informationen und weist darauf hin, dass sich Lehrende nicht darauf verlassen sollten, mit Lehrvorträgen selbstständiges Denken fördern, Einstellungen ändern oder Haltungen sowie Handlungsalternativen entwickeln zu können (Bligh 2000, 20).

Auch in der hochschuldidaktischen Aus- und Weiterbildung wird davon abgeraten, Lehrvorträge ausschließlich frontal - von der Lehrperson oder auch durch Referate von Studierenden - zu halten, die länger als 20–25 Minuten andauern. Dieser sehr alte Tipp, bekannt aus Rhetoriktrainings, lässt sich mit einem Augenzwinkern schon bei Kurt Tucholskys Ratschlägen (1930/1975) nachlesen, wie ein schlechter Vortrag garantiert werden kann:

Kündige den Schluß an, und dann beginne deine Rede von vorn und rede noch eine halbe Stunde. Dies kann man mehrere Male wiederholen. Du mußt dir nicht nur eine Disposition machen, du mußt sie den Leuten auch vortragen – das würzt die Rede.

Sprich nie unter anderthalb Stunden, sonst lohnt es sich gar nicht erst anzufangen. Wenn einer spricht, müssen die andern zuhören – das ist deine Gelegenheit! Mißbrauche sie.

Wie aber werden Lehrvorträge diversitätsgerecht?

Lehrvorträge sind für große Veranstaltungen geeignet, um möglichst viele Studierende gleichzeitig zu erreichen; dementsprechend werden hier oftmals grundlegende Wissensbestände der Disziplinen thematisiert. Der Lehrvortrag wird dann häufig von den Lehrenden als Wissen präsentierend konzipiert. In diesem Modell „direkter Instruktion" wirkt es lernförderlich, wenn eine möglichst strukturierte, aber abwechslungsreiche Interaktion von Lehrenden und Lernenden stattfindet und den Studierenden am Anfang einer Lehr-Lerneinheit eine systematische „Häppchenstruktur" der vorzutragenden Fachinhalte angeboten wird (Gruber & Renkl 2000, 162). Die grundlegende Idee dabei ist es, nicht zu lange an einem Stück zu reden und abwechslungsreiche kleinere Unterbrechungen für Interaktionen zu nutzen. Kürzere Unterbrechungen des Lehrvortrags in der Vorlesung (oder auch in einem Seminar), in denen studentische Einzelarbeit oder kleinere kurze Phasen von Mini-Gruppenarbeit stattfinden, unterstützen nach diesen Erkenntnissen das Lernen der Studierenden, denn so können unterschiedliche Motivlagen, Kenntnisse und Fragen miteinander, aber auch ggf. mit der Lehrperson besprochen werden. Der Austausch der Studierenden soll mit einer anderen Aktivität (reden statt zuhören) dazu beitragen, Gehörtes zu wiederholen, über Erfahrungen, Kenntnisse und Meinungen Beziehungen zu den Inhalten herzustellen und im Austausch mit anderen weitere Bedeutungszusammenhänge zu erschließen. Eine sinnvolle Unterbrechung sollte entsprechend kurz, das Thema bzw. die Frage knapp und außerdem gut mit einem/r Gesprächspartner*in oder kleinen Gruppe bearbeitbar sein. Diese didaktische Gestaltung fördert das Lernen der Studierenden und unterstützt das diversitätsgerechte Lehren.

Konkrete Anleitungen für einen abwechslungsreichen Methodeneinsatz finden sich mittlerweile in einer großen Anzahl hochschuldidaktischer Handbücher und auch auf vielen Webseiten.

An dieser Stelle möchten wir Ihnen statt vieler zwei einfache Methoden empfehlen, die ohne großen Aufwand durchgeführt werden können und in keiner hochschuldidaktischen „Methoden-Bar" fehlen dürfen. Sie sind in der Kombination deshalb auch für heterogene Lerngruppen geeignet, weil sie unterschiedliches Interaktionsverhalten erfordern: Reden und Schreiben. Außerdem unterstützen sie die Strukturierung des Lernprozesses. Letzteres ist für eine heterogene Studierendengruppe hilfreich und ermöglicht das Üben des Umgangs miteinander und das Voneinanderlernen. Die erste – Buzz-Groups oder Murmelgruppen – bringt die Studierenden ins Gespräch. Die zweite – One-Minute-Paper – ist eine selbstreflexive kleine Schreibübung, die auch in der größten Massenveranstaltung noch gut durchführbar ist.

An dieser Stelle möchten wir Sie gerne einladen, das Buch für eine halbe Stunde aus der Hand zu legen, dem nachfolgenden Link zu folgen und in der unten angegebenen Methodensammlung zu stöbern. Lassen Sie sich inspirieren von den beschriebenen Methoden und suchen Sie sich einige aus, die sie ausprobieren möchten.

Dabei berücksichtigen Sie bitte,

- dass Sie alle 20 Minuten eine didaktische Unterbrechung der Vortragssituation planen, die Studierende alleine für sich oder maximal zu vier Personen nutzen, um
- „Gehörtes" nachzuvollziehen, beispielsweise einen kurzen Text zu lesen, Notizen zu machen, Fragen zu formulieren oder/und miteinander ins Gespräch über die Fachinhalte zu kommen.
- Für die Lösung von Aufgaben gilt unsere „didaktische Faustregel", dass Studierende die doppelte Zeit für ihre Gedanken und Antworten benötigen als wissenschaftliche Mitarbeiter*innen.

Beispiel einer Methoden-Bar online mit Murmelgruppen und One-Minute-Paper:

https://methopedia.eu/de/categories/methode/

Der Lehrvortrag sollte durch Visualisierungen begleitet werden, die sowohl Text, Grafiken, Quellen, Bilder, Ton und Filme enthalten können. Die Visualisierungen öffnen einen weiteren Kommunikationskanal zu den Studierenden und unterstützen – auch bei unterschiedlichem Vorwissen – dem Vortrag besser folgen zu können. Hierbei sind insbesondere Angaben wissenschaftlicher Quellen eine wichtige Information, in denen Studierende beispielsweise vorausgesetztes Wissen nachlesen können. Für einige Studierende sind aber auch Visualisierungen mit Verständnishürden verbunden, die fern fachwissenschaftlicher Kontexte liegen: diversitätsgerechtes Lehren bedeutet auch bei der Vorbereitung von Visualisierungen, sich mit Barrierefreiheit zu befassen (vgl. hierzu auch Kap. 3). Visualisierungen mit Folienpräsentationen beispielsweise können von Studierenden mit Sehbeeinträchtigungen besser verstanden werden, wenn Sie u.a. auf einen starken Kontrast zwischen Text und Hintergrund achten und den Text, der ggf. in den genutzten Bildern enthalten ist, in Ihrer Präsentation wiederholen. Die von Ihnen genutzte Software, wie z.B. Powerpoint, bietet i.d.R. die Möglichkeit, die Folien mit Audiokommentaren zu versehen. Nutzen Sie dies, wenn Sie Ihre Folien den Studierenden in einem Lernmanagementsystem (z.B. ILIAS oder moodle) zur Verfügung stellen oder achten Sie zumindest darauf, dass die Sprachausgabe den Inhalt Ihrer Folien in der von Ihnen beabsichtigten Reihenfolge wiedergibt. Hinweise und unterstützende Funktionen wie einen Check für Barrierefreiheit oder ein Test für die Sprachausgabe sind in der Software verankert und über die Bedienungshilfen nutzbar. Zu einem solchen Check gehört es auch, visuelle Darstellungen dahingehend kritisch zu überprüfen, ob die gesellschaftliche Vielfalt berücksichtigt wird oder eher Rollenstereotype rekonstruiert werden (z.B. Journalistinnenbund 2020).

Zusammenfassend lässt sich sagen, dass Lehrvorträge als instruktionsorientiertes Lehr-Lern-Setting diversitätsgerecht gestaltet sind, wenn Raum für Interaktionsmöglichkeiten besteht, visuelle Elemente diskriminierungsfrei eingesetzt werden und bewusst auf unterschiedliches Lernverhalten von Studierenden eingegangen wird.

9.1.2 „Storytelling“: Lehren mit der Leiter des Erzählens

Den eigenen Lehrvortrag mit Storytellingmethoden zu gestalten, leistet einen Beitrag zu diversitätsgerechter Lehre, indem die Anonymität und die Distanz zwischen der Gedankenwelt von Lehrenden und Lernenden überwunden wird. Lehrende nutzen die Möglichkeit, ihr Fach und ihre Beziehung zu fachwissenschaftlichen Erkenntnissen persönlich zu machen.

Die Verständlichkeit wird exemplarisch durch die Verknüpfung mit lebensweltlichen Situationen erzeugt. Nachfolgend gehen wir ausführlicher auf das Lehren mit der Leiter des Erzählens, einem grundlegenden Prinzip des Storytellings, ein.

„Storytelling" erlebt nicht nur in der Werbe- und Unternehmenskommunikation eine wachsende Aufmerksamkeit, auch in der Hochschullehre werden immer öfter intuitiv narrative Techniken genutzt (Friedmann 2019, 36). Das Erzählen von Geschichten hat eine sehr alte und gleichzeitig wirkungsvolle Tradition. Menschen sind permanent von Geschichten umgeben, kommunizieren durch und über narrative Muster. Storytelling wird in der Hochschullehre eingesetzt, um die dramatische Struktur des mündlichen Vortrags zu optimieren und so eine gewisse Spannung zu erzeugen. Anders als in Stegreiferzählungen oder Anekdoten werden Storytellingtechniken genutzt, um Fakten zu strukturieren, Sachverhalte, Beiträge oder auch Texte verständlich zu erklären, attraktiv und (mit)erlebbar zu machen. Die Vorteile des Storytellings ergeben sich aus der Personalisierung, Problematisierung und Emotionalisierung des Vortrags und werden beispielsweise im Kontext von Vorlesungen, Erklärvideos und Gamification eingesetzt, da Lernen, das mit Emotionen oder Affekten verknüpft ist, als besonders nachhaltig gilt (Friedmann 2019, 38).

Storytelling folgt der Idee, den Geschichten in den Fakten auf die Spur zu kommen, um bei Hörenden oder Lesenden konkrete und individuelle Anknüpfungspunkte zu ermöglichen. Storytelling heißt, eine Sprache zu finden, die Hirn und Herz gleichzeitig anspricht (Lampert & Wespe 2017, 11). Eine Geschichte macht nicht nur neugierig, sie spricht die Studierenden unmittelbar emotional an, weil sie das Erzählte vor dem inneren Auge visualisieren und mit eigenen Erlebnissen abgleichen. Es entsteht so ein persönlicher Bezug zu dem, was fachlich präsentiert wird. Das narrative Gedächtnis wird aktiviert und speichert das Aufgenommene als Handlungsmuster, die die Wahrnehmung unserer Realität bestimmen (Adamczyk 2015, 16).

Um Diversitätsaspekte in den eigenen auf das Fach bezogenen Geschichten zu finden, kann es hilfreich sein, sich die Diversität der Studierendenschaft vor Augen zu führen. Die diversitätssensible Gestaltung der Hochschullehre kann so mit einem lebensweltlichen Bezug beginnen, wie z.B. Mehrsprachigkeit, kulturelle Vielfalt, Alter etc. Gleichzeitig wird damit etwas für die Zielgruppenorientierung getan, die beim Storytelling im Mittelpunkt steht (Ettl-Huber 2014, 18). Zentral ist die Akzentuierung des *Warum* der Geschichte und nicht des *Was*. Die Studierenden sollen nicht abstrakt begreifen, sondern Fachinhalt als etwas Reales mit persönlicher Bedeutung verstehen. Storytelling kann in diesem Zusammenhang an ganz unterschiedlichen Stellen eingesetzt und unterschiedlich komplex verwendet werden. Es können kleine Geschichten zu Beginn eines Vortrags sein, oder auch eine komplexe Rahmengeschichte, die sich durch ein ganzes Semester zieht. Die Geschichte ist facettenreich, erklärt das „Warum" für Entscheidungen, Meinungen und Wege der Erkenntnis. Ein diversitätsgerechter Moment ist, dass individuell nachvollziehbar wird, wie hierbei Normen, Wertvorstellungen und individuelle Motivation berücksichtigt wurden. So müssen diese zwar nicht inhaltlich geteilt werden, sie werden aber nachvollziehbar und aus dem Kontext heraus verständlich.

Wie finde ich als Lehrende*r denn nun eine gute Story? Wie kann ich eine gute Lehrvortragsgeschichte entwickeln? Mithilfe der Erzählleiter beginnen Marie Lampert und Rolf Wespe ihre Handreichung für Storytelling für Journalisten (2013, 13), die auch für die Hochschullehre genutzt werden kann:

> Wenn ich „Bett, Teppich, See, Berg" sage, dann produzieren Leute Bilder im Kopf. Abstrakte und komplexe Begriffe wie „Subprime-Papiere", „Bereich", „Konzept", „onomatopoetisch", „Philosophie" lösen in der Regel keine Bilder aus. Sie gehen oft bei einem Ohr hinein und beim andern [sic!] wieder heraus.

Mit einer dreistufigen Leiter als Bild erläutern Lampert & Wespe (2013, 14) eine einfache Technik des Storytellings: Auf der obersten Sprosse liegt das abstrakte Thema, mit den unteren Stufen wird das Thema immer konkreter. In der Mitte liegen „halbabstrakte, nicht sinnliche Fakten". In der Hochschullehre – wie im Journalismus – werden diese bemüht, um komplexe Sachverhalte zu erläutern oder zu belegen, sie bleiben aber häufig unverstanden. Ohne die untere Stufe bedarf es eines „Klimmzugs", um das abstrakte Thema erreichen zu können. In einem Lehrvortrag liegt die Kunst darin, die Leiter rauf und runter zu steigen, ohne dabei Sprossen auszulassen, d.h. Konkretes und Abstraktes miteinander zu verbinden.

Ein gutes Beispiel findet sich bei Barack Obama, der sehr eloquent mit diesen verschiedenen Ebenen (Sprossen) spielt:

> Wir messen die Stärke unserer Wirtschaft nicht daran, wie viele Milliarden wir haben. [...] Sondern daran, dass Leute mit guten Ideen ein Risiko eingehen und ein eigenes Geschäft aufbauen können. Oder daran, ob eine Kellnerin, die vom Trinkgeld lebt, einen Tag frei machen kann, wenn ihr Kind krank ist, ohne dass sie ihren Job verliert. Wir wollen eine Wirtschaft, welche die Würde der Arbeit respektiert. (Leanne 2009, 200 nach Lampert & Wespe 2013, 16)

Der konstruktivistische Didaktiker Kersten Reich (o.J.) kommt in seiner Beschreibung des Frontalunterrichts ebenfalls zu dem Schluss, dass auch in Texte gefasste Stories den „Vortrag“ übernehmen können:

> Erzählungen, Parabeln, Metaphern, Rätsel und Paradoxien, sie alle können gute Lehrer sein, weil sie konkret und anregend sind, weil sie übertragbar auf andere Situationen sind [...]. Jedes Fach hat seine eigenen Texte, die hier relevant sein können, aber gerade dort, wo frontal ausgebildet wurde, haben wir diese vielleicht bisher nicht kennengelernt. Wir müssen uns auf die Suche machen.

Die Bearbeitung der Texte kann dann in Gruppen erfolgen, die ihre Lernergebnisse teilen und dadurch erweitern.

9.2 Aktivierend und interaktionsorientiert lehren: Gruppen anleiten und begleiten

Das Arbeiten in Teams ist eine gesellschaftliche Erfolgsgeschichte. Beginnend um 1900 hat es sich immer weiter verbreitet und - begleitet von intensiver Small Group-Forschung in den 1970er Jahren - einen zentralen Platz in Organisationen eingenommen (Weiss & Hoegl 2015). Teamfähigkeit ist zu einer der wichtigsten Anforderungen im Berufsleben geworden und damit gleichermaßen zu einer Anforderung an die Hochschule, diese Schlüsselkompetenz bei den Studierenden zu fördern. Das Arbeiten in Teams ist im Lehralltag weit verbreitet. Sei es in Form von Projekten, als Problem Based Learning, Forschendem Lernen oder auch einfach nur in kurzen Lehr-Lernsequenzen, in denen Studierende, z.B. als unterbrechende Aktivierung während eines Lehrvortrags kleinere Gruppen bilden, die dann für eine bestimmte Zeit gemeinsam arbeiten. Auch wenn an Hochschulen im Rahmen der Lehrveranstaltungen inzwischen oft in Teams gearbeitet wird, ist die Entwicklung von Teamfähigkeit in der Regel nicht Teil der intendierten Learning Outcomes. Das Arbeiten in Gruppen dient häufig ausschließlich der Bearbeitung von Fachinhalten. Der Zusammenstellung, Betreuung und Begleitung wird seitens der Lehrenden vielfach keine große Beachtung geschenkt.

Die Problematik der Teamarbeit an Hochschulen wird an diesem Beispiel deutlich, wenn mit Anweisungen wie der folgenden gearbeitet wird: „Bitte bilden Sie selbstständig Gruppen zu fünft und erarbeiten Sie das besprochene Thema. Das Ergebnis erwarte ich bis […]".

Teams können nicht nur selbstorganisiert entstehen, sondern auf sehr verschiedene Weise gebildet werden. Mit der unterschiedlichen Zusammensetzung ergibt sich auch immer eine andere Diversität ihrer Mitglieder. Daraus wiederum resultieren im Laufe des Arbeitsprozesses sehr unterschiedliche Herausforderungen für die Kommunikation und Kooperation. Häufig bleibt auch unbesprochen, wie der Arbeitsauftrag genau verstanden wurde, welche Regeln für die Zusammenarbeit gelten und welche möglichen Unterstützungsangebote genutzt werden können. Wir werden diese Punkte im Folgenden aufgreifen.

Im Fokus der nachfolgenden Ausführungen steht die Diversität in der Gruppenarbeit. Zunächst werden wir einige Ergebnisse der Gruppenforschung aus dem beruflichen Kontext vorstellen, die sich gut auf die Arbeit mit Studierendengruppen übertragen lassen. Anschließend werden wir Ihnen ein Modell der Prozesse und der Dynamik in Gruppen vorstellen, das deutlich macht, welche Entwicklungsphasen eine Gruppe durchläuft, die unabhängig sind von Individuen und mit einer gewissen „Gesetzmäßigkeit" auftreten. In diesem Modell wird großer Wert auf die Betrachtung des Wechselspiels zwischen Individuum und Gruppe, zwischen Autonomie und Interdependenz, gelegt und dabei immer im Blick behalten, dass Menschen grundsätzlich Bedürfnisse nach Anerkennung, Bestätigung und Sicherheit in sich tragen (Klein 2011, 10ff.). Entlang der einzelnen Phasen werden wir unser Augenmerk auf Fragen der Diversität und der Didaktik richten. Dabei verwenden wir die Begriffe Gruppe und Team (zur Entstehung und Unterscheidung beider

Begriffe vgl. z.B. Hermann 2012, 265ff.) synonym und beziehen uns immer wieder auf die Welt der Hochschule.

9.2.1 Diversität in Gruppen: Erkenntnisse der Gruppenforschung in Organisationen

Über die Diversität von Gruppen in Organisationen und ihre Auswirkungen auf die Gruppenleistungen ist viel geforscht worden. Von heterogenen Gruppen spricht man, wenn sich die Gruppenmitglieder „aufgrund sozialer Kategorisierungen hauptsächlich nach ‚sichtbaren' aber auch nach ‚unsichtbaren' Merkmalen klar unterscheiden" (Hermann 2012, 275 mit weiteren Verweisen). Unserem Diversitätsverständnis folgend, bezeichnet Diversität in Teams auch hier den Blick auf Unterschiede (= Heterogenität) *und* Gemeinsamkeiten. Je nachdem, worauf in der Gruppe geschaut wird, können Gemeinsamkeiten („wir alle haben denselben Auftrag") oder Unterschiede („ich arbeite nicht am Wochenende") in den Vordergrund treten: „Doing Diversity". An dieser Stelle erinnern wir an das oben vorgestellte HEAD Wheel (Kapitel 5) und die dort aufgezeigten möglichen kategorialen Perspektiven: *sichtbare* demografische wie Alter, Hautfarbe, Geschlecht vs. *unsichtbare* demografische wie sexuelle Orientierung oder sozioökonomischer Hintergrund aber auch kognitive (Einstellungen, Überzeugungen, Werte etc.), disziplinäre (fachlicher Hintergrund etc.) usw., die ebenfalls unsichtbar sind. Die Beziehung von Diversität in Teams und bestimmten Leistungsergebnissen ist für Unternehmen in den letzten 50 Jahren vielfach untersucht worden. Zumeist wurden Geschlecht, Alter und Nationalität in Beziehung gesetzt zu Leistungsindikatoren wie Innovationsfähigkeit, Zufriedenheit, Umsatz oder zu Prozessergebnissen wie Kooperation, Kommunikation oder Konflikten. Leider sind die Ergebnisse uneindeutig: Es gibt positive wie negative oder auch keine Effekte der genannten Kategorien auf Leistungen bzw. Prozesse (Breuer 2019, 28f.). Etwas generalisierend lässt sich aber dennoch sagen,

> [...] that surface-level social-category differences, such as those of race/ethnicity, gender, or age, tend to be more likely to have negative effects on the ability of groups to function effectively. By contrast, underlying differences, such as differences in functional background, education, or personality, are more often positively related to performance – for example by facilitating creativity or group problem solving – but

only when the group process is carefully controlled. (Mannix & Neale 2005, 32)

Nach der bekannten Regel „Gleich und Gleich gesellt sich gern", ziehen sich Menschen mit ähnlichen Werten und Einstellungen gegenseitig an. Genau wie diese auf unsichtbaren Merkmalen basierenden sogenannten „Similarity-Attraction"-Effekte (Aronson et al. 2014, 355ff.; ursprünglich Newcomb 1961) wirken auch sichtbare demografische Diversitätsmerkmale (Alter, Geschlecht etc.), weil wir als Menschen dazu neigen, den Merkmalsträger*innen zu unterstellen, dass sie vergleichbare Werte und Überzeugungen haben (McGrath et al. 1995, 42). Der Anziehung auf der einen Seite steht auf der anderen die Ablehnung des Anderen, Fremden gegenüber. Es kommt zu Ingroup- und Outgroup-Kategorisierungen und (sichtbare) Diversität wird damit zu einem Störfaktor für die Homogenisierungsbestrebungen einer Gruppe.

Positive Effekte für die Gruppenleistung lassen sich gemäß dem Informationsprozess- oder Problemlösungsansatz erklären. Unsichtbare Unterschiede wie Wissen, Erfahrung oder andere Perspektiven, die Gruppenmitglieder in Problemlösungsprozesse einbringen, können helfen, als Gruppe bessere Ergebnisse zu erzielen bzw. kreativere, innovativere Lösungen hervorzubringen (Van Knippenberg & Schippers 2007, 517ff.). Solange aber diverse Teams nicht dazu in der Lage sind, die störenden Auswirkungen ihrer Unterschiedlichkeit zu überwinden oder den Drang, individuelle Eigenheiten zugunsten der Bestrebung der Gruppe nach Ähnlichkeit zu verdrängen, wird es ihnen nicht möglich sein, effektive, kreative Problemlösungsprozesse hervorzubringen (Mannix & Neale 2005, 43). Genau darum geht es auch, wenn es heißt:

The productivity of a team does not depend on the presence or absence of diversity, but rather on how well diversity is managed. (Adler 2008, 140)

Es gibt einige Gestaltungsempfehlungen für die gemeinsame Arbeit von diversen Teams (vgl. Mannix & Neale 2005, 45 mit entsprechenden Verweisen), von denen sich drei gut auf den hochschulischen Kontext übertragen lassen:

Aufgabenstellung(en) für das Team

Ob Unterschiedlichkeit von Gruppenmitgliedern produktiv oder kontraproduktiv wirkt, hängt u.a. von der gestellten Aufgabe und ihrer Zielsetzung ab. Im Englischen wird dabei „Exploration“ von „Exploitation“ unterschieden, also die Frage, ob es um Erkundung bzw. Innovation geht oder eher um Effizienz. Zur Exploration gehören Aktivitäten wie zu experimentieren, zu erfinden, divergentes Denken und das Lösen neuartiger Probleme, um insgesamt Varianz zu erhöhen. Zur Exploitation gehören Aktivitäten wie Produktion, konvergentes Denken und Ausführung bzw. Umsetzung, um Varianz zu minimieren. Explorierende Aufgaben lassen sich besser mit heterogenen Teams, in denen möglichst viele unterschiedliche Kompetenzen vorhanden sind, bearbeiten. Unterschiedliche Kompetenzen eröffnen hier den Raum für kreative Problemlösungen. Effizienz ist in homogenen Teams leichter zu erreichen, insbesondere bei weniger komplexen Aufgaben, die eine geringere Kompetenzbreite erfordern (Grözinger & Langholz-Kaiser 2018, 199).

Für Sie als Lehrende*r bedeutet dies,

- bewusst darauf zu achten, mit welchen aufgabenbezogenen, aber auch übergeordneten Lehr- und Lernzielen sie Gruppenarbeit einsetzen möchten. Der eigene Anspruch, dass alle Gruppen mit möglichst gleichen Ausgangsbedingungen hinsichtlich der Wissen- und Kompetenzverteilung starten sollten, ist beispielsweise ein solches übergeordnetes Lehrziel, das die Auswahl der Aufgabenstellung beeinflussen kann. Es gilt hier reflektiert zu entscheiden, welche Art von Aufgabenstellung Sie vorgeben, eher reproduktive, effizienzorientierte oder eher explorative, kreative.
- Ihre Studierenden über die Erkenntnisse aus der Gruppenforschung zu den Gefahren der Ausgrenzung aufgrund sichtbarer Unterschiede und über den Wert der (unsichtbaren) Diversität bei explorativen Aufgaben zu informieren.
- dass Sie unterschiedliche kognitive Diversität sichtbar werden lassen: Wie gehen andere an Fragestellungen heran, was fällt leicht und schwer, wie können Schwierigkeiten überwunden werden? Und der Arbeitsprozess selbst kann auch immer zum Lernprozess werden: Welche Bedeutung hat die Art der Aufgabenstellung für die gemeinsame Arbeit, was kann wer einbringen, welche Verhaltensweisen sind förderlich, welche hinderlich für das Fortkommen der Gruppe? So wird die Teamkompetenz in der Hochschullehre Bestandteil

der Kompetenzentwicklung bei gleichzeitiger Förderung der Wertschätzung für die Diversität der Kompetenzen in der lernenden und arbeitenden Gruppe.

Brücken bauen im Team
Um gute Leistungen erbringen zu können, müssen Teams befähigt werden, ihre Unterschiedlichkeit produktiv zu nutzen. Gruppen tendieren dazu, stärker mit Informationen zu arbeiten, die bereits vor der gemeinsamen Arbeit bekannt waren und schon geteilt wurden, als solche, über die nur einzelne Gruppenmitglieder als Expert*innen verfügen (als Überblick Argote et al. 2000).

> If a team cannot create an environment that is tolerant of divergent perspectives and that reflects cooperative goal interdependence, then the individuals who carry the burden of unique perspectives may be unwilling to pay the social and psychological costs necessary to share their viewpoints. (Mannix & Neale 2005, 46)

Diese Erkenntnis lässt sich direkt auf die Arbeit mit Studierenden übertragen. Sie als Lehrende*r können

- sich den Arbeitsprozessen widmen und versuchen, diese im Hinblick auf Konfliktmanagement, Kommunikation und Entscheidungsfindung zu verbessern.
- bestehende Vorbehalte ab- und Vertrauen aufbauen, indem sie zu Beginn der gemeinsamen Arbeit eine Phase vorsehen, in der bestehende Gemeinsamkeiten und besondere individuelle Fähigkeiten herausgestellt werden.
- an geteilte Werte und Normen (Fairness, keine Diskriminierung, Berufsethos) oder übergeordnete Ziele (bspw. Modul- oder Studienabschluss) erinnern.

Einfluss von Minderheiten stärken
Gruppen tendieren zu Konformität, d.h. zur Ablehnung abweichender Meinungen und zur Hinwendung zu gemeinsamen Verhaltensmustern. Dies kann im Wesentlichen aus zwei Gründen geschehen: Entweder weil wir gemocht oder akzeptiert werden wollen (normativer sozialer Einfluss) oder weil wir auf die Expertise der anderen Gruppenmitglieder vertrauen (informationaler sozialer Einfluss) (Aronson et al. 2014, 260ff., insbes. 269; ursprünglich Janis 1982). Nun ist es so, dass Mehrheiten häufig *öffentliche* Zustimmung aufgrund von normativem sozialen Ein-

fluss erfahren, während es wahrscheinlicher ist, dass Minderheiten durch informationalen sozialen Einfluss *private* Akzeptanz erzielen (Aronson et al. 2014, 285 mit entsprechenden Verweisen). Für die Erzielung guter, informational abgesicherter Leistungsergebnisse der Gruppe ist es daher wichtig, dass Mindermeinungen gehört und diskutiert werden. Die Forschung hat immer wieder zeigen können, dass Individuen, die sich mit gegensätzlichen Meinungen von Minderheiten konfrontiert sehen, größere kognitive Anstrengungen unternehmen, sich mit mehr Aspekten der Situation auseinandersetzen, divergenter denken und eher neue Lösungen entdecken oder neue Entscheidungen treffen (Mannix & Neale 2005, 47 mit entsprechenden Verweisen). Vertreter*innen einer Mindermeinung sehen sich dagegen oft der unerfreulichen Herausforderung gegenüber, eine meist skeptische Mehrheit überzeugen zu müssen.

Um Mehrheiten mit der eigenen (Minder-)Meinung auch tatsächlich zu erreichen, sind zwei Dinge essenziell: Die konträren Positionen sollten eindeutig und konsistent sein, also über einen längeren Zeitraum unverändert beibehalten werden. Es sollten – sofern möglich – mindestens zwei Personen sein, die als Minderheit *derselben* Meinung sind, um von der Mehrheit nicht einfach nur als Einzelpersonen abgetan zu werden, die etwas seltsame und unbegründete Auffassungen haben (Aronson et al. 2014, 284f.). Wegen des bestehenden Konformitätsdrucks innerhalb der In-Group, der Gruppe mit denselben sichtbaren Diversitätsmerkmalen, kann man davon ausgehen, dass es Mitgliedern der Out-Group sogar leichter fällt, abweichende Positionen zu vertreten und damit ihren Beiträgen Geltung zu verleihen.

> Not only will this differentiation between out-group and in-group members allow all group members to maintain category distinctiveness and cognitive consistency, but it will also allow the out-group member to validate his or her contribution to the group. (Mannix & Neale 2005, 48)

Das heißt, wenn *alle* Meinungen gehört und in der Gruppe miteinander geteilt werden, entstehen vielfältige Lerngelegenheiten, die die Diversität in Teams produktiv wirken lässt.

Sie können als Lehrende*r wesentlich dazu beitragen, dass Minderheiten gehört und verfügbare Informationen möglichst vollständig offengelegt und genutzt werden, indem Sie z.B.

- Gruppenregeln setzen, die Offenheit und Lernen in den Vordergrund stellen.
- Mindermeinungen bewusst verstärken, um ihnen Geltung zu verschaffen. Natürlich muss man hier mit Augenmaß vorgehen, um nicht zu übersteuern und Gruppen Ihre Vorschläge als „Wahrheiten" ansehen und übernehmen, weil sie von Ihnen als Autorität stammen. Mindermeinungen sollen ja die Mehrheitsmeinung erst einmal nur herausfordern, um zu irritieren und kreativere und damit bessere Entscheidungsprozesse zu befördern.
- bei der Gruppenbildung darauf achten, dass entweder ein Drittel oder – in absoluten Zahlen – immer mindestens zwei, besser sogar drei Personen mit sichtbaren Unterscheidungsmerkmalen als „kritische Masse" in eine gemeinsame Gruppe kommen. In einem überwiegend von Frauen besuchten Studiengang Pflegewissenschaften wäre es z.B. gut, entweder mindestens drei männliche Studierende in einer Sechsergruppe zu haben oder die Gruppe in dieser Hinsicht homogen zu belassen, also nur mit weiblichen Studierenden zu besetzen. Dies verringert die Gefahr, nur als Individuum und als Alibivertretung einer Minderheit wahrgenommen zu werden und mit seinen Beiträgen permanent gegen Stereotype ankämpfen zu müssen (Bohnet 2016, 231f., 242).

Was auch immer Sie tun, es findet auf dem Boden der Sie umgebenden situativen Bedingungen statt (Mannix & Neale 2005, 43ff.). In Organisationen bspw., die sich übergeordnet den Werten der Vielfalt verschrieben haben, lassen sich Maßnahmen auf allen Ebenen leichter begründen. So können Sie sich in Ihrer Hochschule auf Leitbilder, Grundsätze oder auch Vorbilder berufen, um bei Ihren Studierenden für den Wert der Vielfalt in der Zusammenarbeit zu werben. Auch spielt die Sichtbarkeit von Diversität (Gender, Ethnie etc.) in den Studiengängen wie auch in der Hochschule insgesamt eine Rolle für das, was als „normale" Zusammensetzung einer Gruppe angesehen wird.

Mit dem Werk von Irene Klein (2011) stellen wir Ihnen nun fünf Phasen der Entwicklung einer Gruppe vor. Wir haben dieses Modell ausgewählt, weil es das Wechselspiel zwischen Individuum und Gruppe besonders betont, es explizit didaktisch für Lerngruppen geeignet ist und die Rolle als Leitungsperson jeweils berücksichtigt. Grundlage ist das Modell der Themenzentrierten Interaktion (TZI). Es besteht aus vier Faktoren: ICH, WIR, ES/SACHE, GLOBE (Klein 2011, 54; ursprünglich Cohn 1976). ICHs kommen als Individuen zusammen, um ein Thema, eine SACHE zu bearbeiten, treten dabei als WIR in Interaktion, umgeben von Raum, Zeit etc. (GLOBE). In der TZI wird besonders betont, dass alle vier Faktoren in Wechselwirkung stehen und auch alle aufmerksam bedacht werden sollten. Lehrende, die stark monologisieren, stellen das eigene ICH in den Vordergrund, geben dadurch wenig Gelegenheit, dass Studierende als individuelle ICHs zur Geltung kommen, verhindern Interaktion in der Gruppe, so dass kein WIR entstehen kann und gehen damit ggf. an den Bedürfnissen der Lernenden, den Anforderungen des Moduls oder den vorhandenen Möglichkeiten (GLOBE) vorbei. Die TZI hat soziales Lernen und die Förderung persönlicher Entwicklung zum Ziel. Sie ist zutiefst humanistisch und verbindet „[...] das Anliegen effektiver Arbeitsprozesse mit der Anforderung menschenwürdiger und kooperativer Arbeitsgestaltung." (Klein 2011, 7)

Wir werden uns hier mit den folgenden fünf Phasen der Entwicklung einer Gruppe befassen: Entstehung von Gruppen, Orientierung in der Gruppe, vertrauensvoll zusammenarbeiten, Unterschiedlichkeit zulassen und die gemeinsame Arbeit abschließen. Die Beschreibung der Gruppenentwicklung in „Phasen" (Klein 2011, 6, 16f.) gründet auf der beobachtbaren Tatsache, dass vergleichbare Phänomene als Erfahrungen, Gefühle und Verhaltensweisen immer wieder in Gruppen auftauchen. Die Beschreibung in Phasen bedeutet nun nicht, dass die Entwicklung in jeder Gruppe immer genau durch alle diese Phasen geht oder immer in genau dieser Reihenfolge abläuft. Es gibt Gruppen, die schon in der zweiten Phase stecken bleiben, und Phasen können auch übersprungen oder wiederholt werden. Die Phasenbeschreibung dient der Gruppe wie der Leitung zur Wahrnehmung und Einordnung von Beobachtungen, zum Erkennen des Standortes, zur gemeinsamen Reflexion und immer neuen Ausrichtung auf das Ziel jeglicher Arbeit in Gruppen, „[...] die kooperative, effektive Zusammenarbeit auf dem Boden des gegenseitigen Respekts." (Klein 2011, 16) Denn vor allem die vierte Phase (Unterschiedlichkeit zulassen) ermöglicht dem einzelnen Mitglied die größtmögliche Entfaltung und die Nutzung der

Gruppe mit ihren positiven Potenzialen. Sie ist damit auch Zielphase, auf die gemeinsam hingearbeitet werden kann.

Wir werden nun in aller Kürze zu Beginn eines jeden Abschnitts die jeweilige Phase beschreiben, um dann auf besondere Fragestellungen der Diversität zu sprechen zu kommen sowie darauf, was Sie als Lehrende*r unterstützend tun können. Leitend für die Beschreibung der Phasen sind die Bedürfnisse der Gruppenmitglieder nach Anerkennung, Zugehörigkeit und Sicherheit.

9.2.2 Entstehung von Gruppen – einander fremd sein

Die Bildung von (Klein-)Gruppen von drei bis acht Studierenden hat in der Hochschule üblicherweise einen Vorlauf in der Großgruppe. Im Laufe eines Semesters werden Sie vermutlich erst einmal alle Studierenden für eine gewisse Zeit im Plenum vor sich haben, bevor es zu einer Aufteilung in Gruppen kommt, die dann einmalig, mehrfach oder auch für die Dauer des Semesters zusammenarbeiten sollen. Wir gehen bei den folgenden Ausführungen von einem Hörsaal (oder auch eine Online-Session) aus, in dem Sie Ihre Veranstaltung mit allen Studierenden beginnen. Erst später werden dann kleinere Gruppen für die gemeinsame Aufgabenbearbeitung im und/oder außerhalb des Unterrichts gebildet.

Wenn sich (große oder kleine) Gruppen neu bilden, stehen generell Neugier und Spannung auf der einen Seite, Anspannung und Hemmungen auf der anderen Seite gegenüber (hierzu und im Folgenden Klein 2011, 17ff.). Man weiß weder, wie die anderen Personen sein werden, noch welchen Platz man in der Gruppe wird finden können. Weder das Bedürfnis nach Anerkennung noch das nach Sicherheit sind in dieser Situation befriedigt. Es gibt eine beobachtbare Ambivalenz der Bewegung aufeinander zu („Wer ist mir sympathisch, wem kann ich trauen?") und voneinander weg („Was wird hier von mir verlangt, kann ich so bleiben, wie ich bin?"). In dieser noch sehr offenen Phase entstehen schnell Regeln und Normen - ausgesprochen oder auch unausgesprochen: Wer ergreift das Wort? Muss man pünktlich sein? Sind Seitengespräche erlaubt? Darf Kritik geübt werden? „Alles, was hier geschieht, wird als Signal verstanden und das eigene Verhalten wird zunächst danach ausgerichtet."

(Klein 2011, 18) Lehrende als Leitung haben in dieser Situation als Einzige eine definierte Rolle und damit großen Einfluss. Sie sind das Modell, an dem sich die Gruppe (erst einmal) orientiert: Was ist erlaubt und verboten, wie darf man sich geben? Werden alle Anwesenden mit dem gleichen Respekt behandelt? Spielt diskriminierungsfreie Sprache eine Rolle? Darf man Witze über andere machen? Menschen sind in dieser Phase erst einmal mit ihren eigenen Gefühlen beschäftigt, bevor sie sich auf anstehende Aufgaben konzentrieren können. Ansagen zur Sache werden hier häufig schlichtweg überhört, weil anderes wichtiger ist.

Für Gruppen ist es generell hilfreich, wenn eine gegenseitige Kontaktaufnahme ermöglicht wird. Im Plenum kann dies sehr schnell gehen, wenn Sie Studierenden bspw. mit drei Fragen (Wer bist du? Wo kommst du her? Was interessiert dich hier?) die Gelegenheit geben, ihre Nachbar*innen kennenzulernen. Sie können auch Fragen an alle (z.B. nach dem Wohnort nach Regionen, der (hoch-)schulischen Vorerfahrung, Jobs neben dem Studium) stellen und diese mit Handzeichen beantworten lassen. So erhalten nicht nur Sie als Lehrperson einen Eindruck von den Studierenden, sondern alle bekommen ein erstes Bild davon, mit wem sie gemeinsam im Hörsaal sitzen. Wenn Sie z.B. im Rahmen einer Vorlesung spontane Arbeitsgruppen bilden, könnte sich auch hier die erste Arbeitsanweisung auf das gegenseitige Kennenlernen beziehen.

Förderlich für eine vertrauensvolle Arbeitsatmosphäre ist es außerdem, wenn Sie den Studierenden die Gelegenheit geben, Sie als Menschen etwas kennenzulernen. Ihr akademischer Werdegang kann auch durchlebte Irrungen enthalten. Was ist Ihr familiärer Hintergrund, was macht Ihnen Spaß und Sorgen? Bieten Sie Ihren Studierenden an, nachzufragen, sofort oder bei anderer Gelegenheit. Bei kleineren Gruppengrößen können Sie die Studierenden bitten, sich ebenfalls kurz vorzustellen (Ferdman 2010, 43).

Wenn Sie die Studierenden Gruppen bilden lassen wollen, die sich im Raum bewegen und/oder auch außerhalb der Veranstaltung arbeiten sollen, benötigen Sie eine Regelung für die Gruppenbildung. Bei Studierenden, die sich noch nicht kennen, wie es zu Studienbeginn regelmäßig der Fall ist, wird die Ankündigung von Gruppenarbeiten die oben beschriebene Anspannung nochmals steigern. Studierende höherer Semester, die sich bereits kennen, werden sich dagegen sofort darum bemühen,

Kontakt zu ihren Peers herzustellen, um mit ihnen eine Gruppe bilden zu können. Um unnötige Unruhe zu vermeiden, sollten Sie also immer gleich auch bekannt geben, wie der Prozess der Gruppenbildung ablaufen wird.

Grundsätzlich stehen ihnen hierzu vier Prinzipien der Gruppenbildung zur Verfügung (z.B. Baepler et al. 2016):

- Per Zufall
  Sie können Gruppen durch ganz einfache Verfahren zufällig zusammenkommen lassen: Abzählen, Lose ziehen etc. Sie können dafür auch Software einsetzen und z.B. Excel nutzen oder einen Webdienst wie random.org, um den Studierenden zufällige Gruppennummern zuzuweisen. Viele Learning Management Systeme enthalten auch spezielle Funktionalitäten zur zufälligen Gruppeneinteilung, leicht zu finden über eine schnelle Webrecherche.
  Zufällige Gruppeneinteilungen haben vor allem den Vorteil, dass sie wenig Zeit in Anspruch nehmen und sich leicht organisieren lassen. Nachteilig schlägt zu Buche, dass es zu sehr ungleichmäßigen Verteilungen von Kompetenzen kommen kann und es dann sehr leistungsstarke und sehr leistungsschwache Gruppen geben kann.

- Regelgebunden
  Um eine gleichmäßigere Verteilung von unterschiedlichen Kompetenzen der Lernenden zu erreichen, empfiehlt es sich, dass Sie sich als Lehrende*r ein geeignetes Verfahren überlegen, die Lernenden und die Aufgabe gut zu matchen. Was sind Aufgabenanforderungen, mit denen Studierende sich befassen sollen? Was sind daraus abgeleitete Kompetenzen, die erfolgreiches Arbeiten wahrscheinlich machen? Auf dieser Grundlage gilt es dann, etwas über die Studierenden zu erfahren, die Sie in der Veranstaltung erwarten. Dies können Sie per Fragebogen vorab erheben oder auch durch eine entsprechende Aufgabe zu Beginn der Veranstaltung, die Sie dann auswerten, um die Ergebnisse zur Gruppeneinteilung zu verwenden. Sehr einfach geht dies z.B. über einen kleinen Selbsttest, den die Studierenden nach Abschluss selbst auswerten. Sie können hier verschiedene Gebiete vorhandenen Vorwissens ansprechen und die Studierenden mit den jeweils besten Testergebnissen dann auf verschiedene Gruppen aufteilen.

Eine andere Variante wäre es, jene Studierende in einer Gruppe gemeinsam arbeiten zu lassen, denen es leicht fällt, sich gemeinsam zu organisieren. Sie könnten nach Zeiten fragen, die den Studierenden zur Verfügung stehen oder auch über eine Karte sichtbar machen, wer wo wohnt und die Personen entsprechend zu einer Gruppe zusammenführen.
Sie können zur Gruppeneinteilung auch softwaregestützt arbeiten. In moodle z.B. findet sich ein Algorithmus zur Gruppenformation als Plugin, der Lerngruppen auf der Grundlage psychologischer Merkmale der Lernenden bildet. Dies führt nach Röpke et al. (2016) zu höherer Motivation, größerer Zufriedenheit und mehr Erfolg als bei einer Einteilung nach Zufallsprinzip.
Ein anderes Tool, das Sie in Betracht ziehen könnten, ist das „Comprehensive Assessment of Team Member Effectiveness" (CATME; www.catme.org). Dieses kostenlose Tool ermöglicht es, Kriterien festzulegen nach denen Gruppen zusammengestellt werden sollen. Sie haben dazu auch die Möglichkeit, Fragen zu verwenden (z.B. nach räumlicher Entfernung, Einsatzbereitschaft oder zur Verfügung stehenden Zeitfenstern für die gemeinsame Arbeit), die von CATME zur Verfügung gestellt werden.

- Freie Wahl
  Wenn Studierende sich bereits kennen, weil sie bspw. in einem höheren Semester sind, bietet es sich an, ihnen die Wahl zu überlassen. Generell erhöht das die Motivation und die Zufriedenheit, weil man sich Kommiliton*innen suchen kann, mit denen bereits gute Erfahrungen gemacht wurden. Man muss so auch nicht gegen informell bestehende Gruppen anarbeiten, sondern kann diese nutzen. Das beschleunigt auch den Entwicklungsprozess der Gruppe, weil an schon bekannte Kompetenzen angeknüpft werden kann.
  Nachteilig kann dabei sein, dass sich starke Studierende schnell zusammentun und es dann zu einer oder mehreren Restgruppen kommt, die es schwer haben arbeitsfähig zu werden. Wenn Studierende immer wieder in bekannten Konstellationen zusammenarbeiten, kann es auch zu mangelnder Kreativität bei der Aufgabenbearbeitung kommen (siehe dazu auch den vorangehenden Abschnitt zu Diversität in Gruppen). Weiterhin kann auch sozialer Druck entstehen, mit

befreundeten Kommiliton*innen eine Gruppe bilden zu müssen, anstatt mit anderen zusammenarbeiten und neue Erfahrungen sammeln zu können.

- Gemischt
  Sie können für die Einteilung von Gruppen auch Verfahren mischen. Wenn Ihnen bspw. ein einzelnes Auswahlkriterium reicht, können Sie erst regelgebunden vorgehen und die gesamte Gruppe um eine entsprechende Aufstellung nach diesem Kriterium bitten. Nehmen wir als Beispiel die gesammelte berufspraktische Erfahrung seit dem Schulabschluss in Monaten, um Gruppen für eine Veranstaltung zum Projektmanagement zusammenzustellen. Die Annahme ist, dass diese Art von Erfahrung hilft, sich besser in die Erfordernisse der Planung, Leitung und Durchführung von Projekten hineinzudenken als ohne oder mit wenig Praxiserfahrung. Sie bitten Ihre Studierenden dazu, sich in einer Reihe zu formieren, wo das eine Ende bei Null beginnt und das andere Ende von der Person gebildet wird, die die meiste berufspraktische Erfahrung im Raum hat. Die Studierenden kommen beim Sortieren miteinander ins Gespräch und man gewinnt gemeinsam einen Überblick, welche Bandbreite an Erfahrungen vorliegt. Anschließend gehen sie zufallsgesteuert vor und lassen die Studierenden entsprechend der benötigten Gruppenzahl abzählen. Andere Auswahlkriterien könnten Vorwissen in einem bestimmten Fach, z.B. Statistik oder auch Softwarekenntnisse, sein.
  Es ist auch möglich, mehrere Kriterien nacheinander anzuwenden, also zuerst Studierende in einer Reihe aufstellen zu lassen, die über bestimmte Fähigkeiten oder auch Interessen in einem Fach verfügen, dann nach einem anderen Kriterium zu fragen (z.B. Belegung bestimmter Wahlfächer) und in Fortsetzung der Reihe aufstellen zu lassen usw. und schließlich den (möglichst kleinen) Rest der Studierenden anzuschließen. Danach wird, wie oben beschrieben, abgezählt und alle Studierenden mit derselben Nummer bilden eine Gruppe.
  Solche Aufstellungen gehen relativ schnell – auch bei großen Gruppen mit 100 Personen – erzeugen Interaktion und sind für Studierende transparent und nachvollziehbar, was für eine hohe Akzeptanz sorgt.

Haben die Gruppen sich gefunden, sollten diese erfahren, wo sie arbeiten sollen und woran. Es empfiehlt sich, Arbeitsaufträge schriftlich zu erteilen, damit Studierende auch am Arbeitsort noch wissen, woran sie arbeiten sollen. Um sicher zu gehen, dass der Arbeitsauftrag auch verstanden wird, sollten Sie ihn an einem Beispiel schrittweise erklären.

Gut übertragbares Beispiel für eine diversitätsgerechte Anleitung einer Gruppenarbeit in der Grundschule:
„I do, We do, You do"
https://www.youtube.com/watch?v=IOMF06TJAO4&feature=youtu.be

Bevor die Gruppen mit der inhaltlichen Bearbeitung der Aufgabe beginnen, können Sie als Lehrperson einen wichtigen Beitrag für deren Arbeitsfähigkeit leisten, indem Sie die Gruppenmitglieder bitten, sich als erstes gegenseitig vorzustellen. Für den konstruktiven Umgang mit der Heterogenität innerhalb der Gruppe ist es erforderlich, dass die hierfür von Ihnen vorgeschlagen Leitfragen stärkenorientiert formuliert werden und sie es ermöglichen, Gemeinsamkeiten zu entdecken.

Beispiele für Fragen zur gegenseitigen Vorstellung:

- Persönliche Aspekte:
  Ich heiße ..., ich komme ..., heute war mein Tag bisher ..., was ich gut kann ..., in der Gruppenarbeit möchte ich ...
- Fachliche Aspekte:
  Am Thema interessiert mich ..., was ich bisher schwierig finde ..., einbringen zum Thema kann ich ...

9.2.3 Orientierung in der Gruppe – seine Rolle finden

Diese Phase der Orientierung in der Gruppe geht nahtlos aus der Entstehungsphase hervor (hierzu und im Folgenden Klein 2011, 20ff.). Bereits mit der ersten Kontaktaufnahme beginnt das Bemühen eines jeden Gruppenmitglieds um einen anerkannten, von den anderen akzeptierten Platz. Dieser kann positiv wie negativ belegt sein: auch Störungen (wie z.B. Unpünktlichkeit oder herablassende Bemerkungen) erzeugen Aufmerksamkeit und sind besser, als gar nicht bemerkt zu werden. Je nach Persönlichkeit wird sich ein breites Spektrum an Verhaltensweisen bei den Studierenden beobachten lassen: Mitdiskutieren, Ideen einbringen, Witze machen, opponieren, andere kritisieren, sich zurückhalten, Unterstützung anbieten etc.

Die Suche nach einem Platz in der Gruppe ist ein Dauerthema, nur ist sie in dieser Phase besonders spürbar, weil beim ersten Zusammenkommen noch keine Plätze vergeben sind. Das Ergebnis dieses Abtastens und Kennenlernens sind gegenseitige Zuschreibungen, wie die anderen „sind" und welche Rolle sie im Team spielen (werden). Rollen als Verhaltenserwartungen geben einerseits Sicherheit, weil man sich auf eine bestimmte (bevorzugte) Art geben kann. Andererseits legen sie fest und machen es schwer, aus der belegten Rolle zu entweichen und sich eine neue zu suchen. Rollen können in einer sehr groben Einteilung auf die sachliche Arbeit, das Miteinander der Gruppe oder auf kontraproduktives Stören ausgerichtet sein (Klein 2011, 35f.).

Die Gruppe bspw. an den Arbeitsauftrag oder die noch verbleibende Zeit zu erinnern, ist als sachdienlich anzusehen. Gleichzeitig können aber auch Machtfragen damit verbunden sein, denn mit solchen Fragen wird die Gruppe auch gelenkt und es zeigt sich, wer das Sagen hat. Dies gilt insbesondere, wenn sich mehrere Personen für dieselbe Rolle, z.B. die der Leitung oder des/der Expert*in, interessieren. So können Termin- oder organisatorische Fragen neben dem Sachaspekt ebenfalls Ausdruck von Machtkämpfen sein, wenn im Hintergrund mitschwingt, nach wem es geht oder wer wichtiger ist. Als Leitung muss man sich klar machen, dass in dieser Phase Unsicherheit bis hin zur Angst auftritt, denn jedes Mitglied – wie auch Sie selbst als Leitung – hat das Bedürfnis nach Anerkennung, Zugehörigkeit und Sicherheit, um für sich zu klären, ob man in dieser Gruppe (für Sie als Lehrende*r ist es die Großgruppe) bekommt, was man braucht, Menschen finden wird, denen man etwas geben will und ob man überhaupt Teil dieser Gruppe bleiben will. Wenn die Beziehungen in dieser Phase nicht hinreichend geklärt und die Bedürfnisse der Einzelnen nicht ausreichend befriedigt werden, besteht die Gefahr, dass die Gruppe in dieser Spannungsphase verharrt, sie eventuell sogar nie bewältigt. Die Zusammenarbeit ist dann sehr mühsam und gute Arbeitsergebnisse werden unwahrscheinlich. Es kann sogar dazu kommen, dass die Gruppe auseinanderfällt.

Die Rollenfindung zu Beginn der Gruppenarbeiten ist also etwas ganz Normales, es geht gar nicht ohne. Für Sie als Leitung ist es hilfreich zu wissen, dass hier Vor-Festlegungen wirksam werden: Diese können aus Stereotypen resultieren und/oder aus den Vorerfahrungen in der Lehrveranstaltung mit der großen Gruppe. Cohen & Lotan (2014, 34) sprechen von „Status Characteristics", wenn also z.B. einem männlichen Studierenden, der als computeraffin angesehen wird und der sich in der bisherigen Veranstaltung auch schon aktiv beteiligt hat, ein höherer Status zugeschrieben wird als einer ruhigeren weiblichen Studierenden, die selbst sagt, sich mit Computern nicht so gut auszukennen. Verbunden mit dem zugeschriebenen Status sind Erwartungen an die Kompetenz und Leistungsfähigkeit, die im ersten Fall höher angesetzt werden als im zweiten. Auf Grund des oben bereits angesprochen Stereotype Threat (Kap. 3.2) besteht die Gefahr einer Self-Fulfilling Prophecy, dass sich nämlich Studierende den Erwartungen entsprechend verhalten und dann auch tatsächlich starke bzw. schwache Leistungen zeigen. Generell sollte also vermieden werden, dass Eigenschaften oder Fähigkeiten, die Studierende in einem anderen Feld zeigen, unhinterfragt zu einer dominanten Rolle in der Gruppe führen. Es lohnt, darauf zu achten, dass es nicht zu automatisierten Rollenfestlegungen kommt und Studierende sich in der Folge dann sehr ungleich in die anstehenden Gruppenarbeiten einbringen. Nach Cohen & Lotan (2014, 38ff.) entstehen daraus nämlich drei entscheidende Nachteile: Studierende mit niedrigem Status lernen weniger, Vorurteile werden verstärkt und die Gruppenleistung ist schwächer. Für Abhilfe lässt sich sorgen, wenn man an zwei Punkten ansetzt: Kommunikationsregeln und formellen Rollen.

Kommunikationsregeln
Um die Kommunikation möglichst ausgewogen zu gestalten, empfehlen Cohen & Lotan (2014, 41ff.), die Gruppe auf die Zusammenarbeit vorzubereiten. Mit Hilfe einer einfachen Übung, der „Four-Stage Rocket" (Epstein 1972 bzw. Cohen & Lotan 206ff.), lässt sich auf vier Grundregeln der Kommunikation hinarbeiten: Prägnanz und Klarheit, Zuhören, Verstehen und alle beteiligen.

Four-Stage Rocket online verfügbar unter

https://web.stanford.edu/class/ed284/csb/4Stage/4Stage.pdf

Im Anschluss an diese oder andere Teamübungen (z.B. Heckmair 2005), können Sie die Gruppen bitten, über Teamregeln für gemeinsames Arbeiten nachzudenken. Lassen Sie sie überlegen, welche Bedeutung solche Regeln für den/die Einzelne*n, die Lehrveranstaltung aber auch für das spätere Arbeitsleben haben können (Ferdman 2010, 44). Bitten Sie sie anschließend, sich drei bis fünf Regeln für ihre Gruppe zu geben und zu berücksichtigen, was sie als Gruppe tun können, um diese Regeln hier und jetzt wirksam werden zu lassen. Sets von Regeln, die Sie dazu zeigen und diskutieren können, finden sich bei Reich (o.J.) oder mit speziellerem Bezug zu Diversity bei Katz & Miller (1996).

Beispiele für Gruppenregeln zur Förderung der Wertschätzung von Diversität

- Provide and create safety – a safe zone
- Be self-responsible and self-challenging
- Listen, listen, listen, and respond
- Lean into discomfort
- Experiment with new behaviors in order to expand one's range of response
- Take risks, be raggedy, make some mistakes – then let go
- Accept working through conflict to its resolution as a catalyst for learning
- Be crisp and say what is core
- Be open-minded

Katz & Miller (1996, 112) mit weiteren Erläuterungen zu jedem Punkt

Formelle Rollen

Ein zweiter hilfreicher Ansatzpunkt, um den einzelnen Mitgliedern zu helfen, einen Platz in der Gruppe zu finden, ist es, formelle Rollenvorgaben für einzelne Gruppenmitglieder zu machen, die den Gruppenarbeitsprozess unterstützen. Cohen & Lotan (2014, 115ff.) unterscheiden dabei zwischen „What“ und „How“ Rollen.

What-Rollen beziehen sich auf eine mögliche Arbeitsteilung, die Studierende vornehmen (sollen), um die Aufgabe inhaltlich gut bewältigen zu können. Diese kann sich nach Interessen, Inhalten/Fachgebieten oder Arbeitsphasen (Informationsversorgung, Konzepterstellung, Präsentation) richten. Sehr wichtig zu bedenken ist hierbei, dass jede Art der Spezialisierung die Interaktion und den Austausch von Ideen reduziert, weil jede*r sich dann nur noch stark auf die eigenen Aufgaben konzentriert. Außerdem muss man überlegen, wie man Studierende unterstützen kann, die mit der übernommenen Aufgabe nicht gut zurechtkommen. Hierzu können Tandems gebildet werden, bei der jede*r sich an zwei verschiedenen Aufgabengebieten beteiligen muss. Was auch häufig vorkommt, ist, dass Studierende immer wieder jene Aufgaben wählen, die sie bereits gut beherrschen. Das beschleunigt zwar den Arbeitsprozess und führt ggf. auch zu besseren Ergebnissen insgesamt, reduziert aber ebenfalls die Interaktion und lässt vor allem wichtige Lerngelegenheiten aus, die sich mit neuen Aufgaben eröffnen. Um das zu vermeiden, kann man Qualitätssicherungsrollen vergeben, bei der man in einem anderen Aufgabengebiet für die Prüfung der Qualität der Ergebnisse verantwortlich ist. Ggf. ist auch ein Rollentausch nach bestimmten Zeitabständen empfehlenswert.

How-Rollen (siehe Abb. 15) sollen den Prozess der gemeinsamen Arbeit erleichtern. So sind unterstützende Rollen vorgesehen, um die Zielorientierung und die Arbeitsfähigkeit herzustellen, den Verlauf zu beobachten und zu dokumentieren und die Interaktionen zu steuern. Diese Rollen sind Ihnen sicher schon aus anderen Zusammenhängen bekannt.

Unterstützen
- Sorgt für die Arbeitsfähigkeit der Gruppe (Arbeitsauftrag liegt vor und wird verstanden; Hilfe wird ggf. geholt)

Anleiten
- Sorgt für klare Zielsetzungen
- Achtet auf zielorientiertes Arbeiten der Gruppe
- Initiiert Arbeitsteilung und Arbeitsphasen
- Sorgt für die Einhaltung von Vereinbarungen
- Ist Teil der Gruppe

Zeit nehmen
- Achtet auf alle Zeiten
- Beobachtet Gruppen-diskussionen (Prägnanz, Zuhören, Verstehen, Beteiligung) und greift ggf. ein
- Gibt Feedback

Vermitteln
- Beobachtet die Gruppenarbeit und gibt am Ende einer Sitzung Feedback
- Greift ein bei Konflikten (macht Positionen klar und versucht Lösungen zu erarbeiten)

Dokumentieren
- Notiert im Verlauf wichtige Arbeitsergebnisse
- Markiert inhaltliche Widersprüche
- Dokumentiert die Arbeits(end)ergebnisse und stellt sie der Gruppe zur Verfügung
- Dokumentiert Rollen und Vereinbarungen der Gruppe

Wissenschaftlichkeit beachten
- Achtet darauf, dass für alle Aussagen immer Begründungen und möglichst auch Fakten mitgeliefert werden

Abb. 15: How-Rollen zur Unterstützung des Gruppenarbeitsprozesses
Quelle: Eigene Darstellung in Anlehnung an Cohen & Lotan 2014, 115ff.

Neu dürfte die Rolle sein, Wissenschaftlichkeit zu beachten. Sie trägt dazu bei, Diskussionen zu versachlichen. Der/die Rolleninhaber*in soll sich immer dann melden, wenn Meinungen, Gefühle oder einfach nur Behauptungen statt Fakten in die Diskussion eingebracht werden.

Um durch diese Verhaltensvorgaben nicht zu einer – von außen bestimmten – dauerhaften Rollenfestlegung zu kommen, empfiehlt es sich, die Rollen nach einiger Zeit zu wechseln. Abhängig von der Gesamtdauer der Gruppenarbeiten kann dies z.B. zu jedem Lehrveranstaltungstermin oder alle 14 Tage geschehen. Um nicht zu viel Zeit für die Abstimmung investieren zu müssen, kann man die Rollen einfach gem. Abbildung 15 im Uhrzeigersinn rotieren lassen. Wenn die Größe Ihrer Gruppe nicht genau sechs beträgt, können Sie Rollen auch zusammenlegen oder entlang der Bulletpoints teilen.

Diese Phase ist durchlaufen, wenn jede*r – zumindest vorläufig – eine Rolle gefunden hat, die er/sie für sich selbst annehmen und die auch von den anderen anerkannt werden kann.

Erkennbar für Sie als Lehrende*r wird dies z.B. daran, dass Sie mit festen Ansprechpartner*innen zu tun haben oder – ggf. auch auf Nachfrage – klare Rollenverteilungen angegeben werden können. Das Ende dieser Phase wird häufig als große Erleichterung erlebt (Klein 2011, 24).

9.2.4 Vertrauensvoll zusammenarbeiten – sich dazugehörig fühlen

In dieser Phase ist in der Gruppe eine gewisse Sicherheit entstanden. Die Gruppenmitglieder wissen, was sie von sich und den anderen zu halten haben und wie man miteinander umgehen kann (hierzu und im Folgenden Klein 2011, 25f.). Es entsteht ein Gruppengefühl und es wird häufig von „wir" gesprochen, man könnte diese Phase auch als „Wir-Phase" bezeichnen. Da Beziehungsaufbau und -klärung in den Hintergrund treten, hat die Gruppe jetzt viel Energie, um an Themen und Aufgaben zu arbeiten. Die Gruppe ist leistungsfähig.

Weil nun aber die vorangehende Phase der Rollenfindung so beunruhigend und auch anstrengend war, gibt es die Neigung, Vertrautheit vorschnell herbeizuführen und festzuschreiben, damit möglichst keine weiteren Störungen mehr auftreten. Gruppen entwickeln an dieser Stelle einen hohen Druck zur Konformität: Gemeinsamkeiten werden betont, Unterschiedlichkeit abgelehnt, das „Wir" wird zur Norm. Häufig werden individuelle Meinungen unterdrückt und Abweichungen von der Norm mit Ablehnung oder Ausschluss sanktioniert. Die Gruppe bietet Sicherheit und Zugehörigkeit um den Preis der Aufgabe der Individualität. Alles Neue wird als Störung der Gruppenharmonie erlebt, auch neue Mitglieder. Die Gruppe kann sich auf dieser Grundlage weiterentwickeln, wenn es gelingt – zumindest nach innen – offen zu bleiben und das gewonnene Vertrauen dazu zu nutzen, dass sich die einzelnen Gruppenmitglieder stärker zeigen und in das Gruppengeschehen einbringen können. Dafür ist es unabdingbar, dass man Spannungen, die zwischen den Mitgliedern bestehen, nicht unter den Teppich kehrt. Verschiedene Wahrnehmungen, Bedürfnisse, Meinungen und Ansichten dürfen nicht unterdrückt, sondern sollten immer wieder zum Thema gemacht werden.

Als Lehrende können Sie diese Phase unterstützen, indem Sie daran erinnern, dass Rollen und Aufgaben nicht auf Dauer auf eine Person fixiert bleiben sollen. Ggf. haben Sie ja auch feste Regeln für den Rollenwechsel vorgesehen, die im vorangehenden Abschnitt angesprochen wurden. Regen Sie immer wieder an, möglichst offen über die Beziehungen in der Gruppe zu sprechen und an Konflikten zu arbeiten. Helfen Sie, die Diversität des Teams produktiv werden zu lassen, indem die Stärken einzelner Teammitglieder ans Licht gehoben werden und auch offen über Schwierigkeiten gesprochen wird (Klein 2011, 26). Um die Auseinandersetzung über die gemeinsame Arbeit und das „Funktionieren" im Team zum Thema zu machen, können Fragebögen eingesetzt werden, die eine Diagnose und eine anschließende Reflexion ermöglichen. Zwei von vielen verfügbaren wollen wir Ihnen hier vorschlagen:

Teamdiagnose nach Lencioni
Aus der Managementpraxis bekannt ist Lencioni (2002), der sich mit Dysfunktionalitäten beschäftigt hat, die in Gruppen auftreten können. Mit Hilfe einer Teamdiagnose können auch Gruppen im Hochschulkontext erkennen, welche von fünf typischen Schwierigkeiten sie betreffen könnten (Lencioni 2002, insbes. 187ff.):

- Absence of trust – unwilling to be *vulnerable* within the group
- Fear of conflict – seeking *artificial harmony* over constructive passionate debate
- Lack of commitment – feigning buy-in for group decisions creates *ambiguity*
- Avoidance of accountability – hesitating to call peers on counterproductive behavior which sets *low standards*
- Inattention to results – focusing on *ego, personal success, and status* before team success

Fragebogen zur Teamdiagnose (Patrick Lencioni)

Der Fragebogen ist ein einfaches Diagnose-Instrument, das Ihnen bei der Einschätzung helfen kann, wie anfällig Ihr Team für die fünf Dysfunktionen ist. Wenn möglich sollten alle Mitglieder Ihres Teams den Diagnose-Fragebogen ausfüllen und die Ergebnisse anschliessend diskutieren. Dabei sollten Sie Diskrepanzen in den Antworten erörtern und erkennbare Konsequenzen für das Team herausarbeiten.

Geben Sie mit Hilfe dieser Skala an, wie weit die jeweiligen Aussagen auf Ihr Team zutreffen. Es ist wichtig, dass Sie die Aussagen ehrlich beurteilen, ohne dabei zu lange über die Antwort nachzudenken.

1 = für eine schwache Zustimmung, eher weniger, selten, schwach
2 = für eine mittlere Zustimmung, manchmal
3 = für eine starke Zustimmung, trifft gewöhnlich

Nr.	Aussage	1	2	3
1.	Die Teammitglieder diskutieren Probleme leidenschaftlich und ohne Zurückhaltung.			
2.	Die Teammitglieder weisen sich auf Defizite und unproduktive Verhaltensweisen hin.			
3.	Die Teammitglieder wissen, woran ihre Teamkollegen arbeiten und wie sie zum Gruppenziel des Teams beitragen.			
4.	Die Teammitglieder entschuldigen sich schnell und aufrichtig, wenn sie etwas Unpassendes oder potenziell Teamschädliches gesagt oder getan haben.			
5.	Die Teammitglieder bringen für das Wohl des Teams bereitwillig Opfer in ihren Abteilungen oder Fachgebieten (zBsp. Budget, Zuständigkeiten, Mitarbeiterzahl, etc.).			

Abb. 16: Fragebeispiele für eine Teamdiagnose zu Dysfunktionen in Teams
Quelle: marketraining 2016

Die Ergebnisse können genutzt werden, um kritische Themen zu identifizieren, sich darüber auszusprechen und Lösungsvorschläge zu erarbeiten. Hilfreich ist es in solchen Situationen, wenn die Gruppe schon etwas Übung mit dem Einsatz von Kommunikationsregeln hat und dadurch leichter in eine konstruktive Gesprächsatmosphäre gelangen kann.

Für Sie als Lehrende*r, der/die die Diversität der Gruppe ebenfalls als Herausforderung erlebt, hier zwei Empfehlungen:

- Weisen Sie immer wieder darauf hin, dass alle Phasen der Gruppenentwicklung und vor allem auch Konflikte ganz normal sind und zu einem gesunden Gruppenleben dazugehören.
- Lassen Sie die Gruppen auch wissen, dass sie in Situationen, die sie selbst nicht unmittelbar bewältigen können, Hilfestellungen bekommen werden. Sollten Sie selbst an dieser Stelle Unsicherheit spüren, dann lassen Sie sich unterstützen und nehmen beispielsweise eine Person aus der hochschuldidaktischen Beratungsstelle ihrer Hochschule hinzu.

Teamrollen nach Belbin
Eine andere Variante ist es, sich explizit mit verschiedenen typischen Verhaltensweisen im Team zu befassen. Belbin (1993, 2010) hat dazu ein Modell mit zuletzt neun Teamrollen entwickelt, von denen je drei handlungsorientiert, kommunikationsorientiert und wissensorientiert sind. Teams arbeiten nach diesem Modell dann effektiv, wenn sie aus einer Mehrzahl heterogener Personen bestehen und möglichst alle der für gute Ergebnisse notwendigen Rollen abgedeckt werden. Teams müssen dazu nicht mit mindestens neun Personen besetzt sein, weil eine Person in der Regel mehrere Rollen – in unterschiedlicher Ausprägung – abdeckt. Mit einem der vielen im Netz verfügbaren Tests (z.B. Docplayer o.J.) können Sie Ihren Studierenden dies verdeutlichen. Wenn Sie die Ergebnisse in einem Spinnendiagramm darstellen lassen, wird sofort sichtbar, wo Rollen ggf. mehrfach besetzt sind und wo evtl. auch Lücken bestehen und notwendige Rollen, wie z.B. die einer Erfinderin oder eines Koordinators, nicht vergeben sind.

Eine Möglichkeit, die gute Kommunikationsanlässe erzeugt, ist es, die verschiedenen Rollen auf Karten zu schreiben und in einem großen Kreis auszulegen. Sie bitten dann die Gruppe, sich mit ihren Rollenprofilen im Raum aufzustellen. Jede Person begründet kurz, warum sie an einer bestimmten Stelle, evtl. auch zwischen verschiedenen Rollen, steht. Anschließend werden die anderen Studierenden gefragt, ob sie diese Position für passend halten oder die Person an einer anderen Stelle sehen würden. Über diesen Abgleich von Selbst- und Fremdbild ergeben sich Einblicke in das Innenleben der Gruppe. Es gibt Rollen, wie z.B. die des/der Perfektionist*in, die oft als negativ angesehen werden, weil immer wieder auch Kleinigkeiten angemahnt werden. Wenn die Gruppe nun aber die vorteilhaften Seiten dieser Rolle erkennt, z.B. dass Fehler entdeckt werden, gewinnt auch der/die Rolleninhaber*in an Standing in der Gruppe und kann sich besser einbringen. Ein Ergebnis kann auch sein, dass die Gruppenmitglieder Bereitschaft zeigen, auch einmal in andere Rollen zu schlüpfen und diese auszuprobieren, wenn bspw. die eigene bevorzugte bereits besetzt sein sollte.

Auch wenn beide Modelle empirisch nicht oder nur schwach fundiert sind, bieten sie eine gute Möglichkeit, um über das Miteinander im Team und den Wert von Diversität ins Gespräch zu kommen. Entlastend für Studierende ist es, zu betonen, dass sie, auch wenn der Test das gerade ergeben hat, nicht so „sind“, sondern hier und jetzt in dieser Gruppe eine Rolle angenommen haben und diese sich sehr wohl auch wieder verändern kann.

9.2.5 Unterschiedlichkeit zulassen – anders sein dürfen und doch dazugehören

Diese Phase wird von Klein (hierzu und im Folgenden 2011, 26f.) als Zielphase der Gruppenentwicklung bezeichnet. Auf der Grundlage des in der vorangehenden Phase erarbeiteten Vertrauens wird jetzt jedes Gruppenmitglied mit all seinen Besonderheiten und Fähigkeiten akzeptiert. Gleichzeitig besteht die geteilte Bereitschaft, kooperativ bestimmte Ziele anzusteuern und die dazugehörenden Aufgaben zu bewältigen. Es kommt zu einem Ausgleich zwischen dem Wunsch nach einer harmonischen Gemeinschaft und den bestehenden individuellen Unterschieden. Diese werden nicht als Anlass für Angriff und Kampf angesehen, sondern als Gelegenheiten für produktive, wertschätzende Auseinandersetzungen, die zum Leben dazugehören und durch gemeinsame Anstrengungen gelöst werden können. Jede*r kann so sein, wie er/sie ist und sich auch in neue Richtungen entfalten. In dieser Phase entsteht Offenheit sowohl nach innen, so dass neue Rollen ausprobiert werden können, als auch nach außen gegenüber neuen Anfragen und Ansprüchen. Die Bewegung hin zur Gemeinsamkeit der Gruppe und die Gegenbewegung der Individualität stehen in einem konstruktiven Verhältnis.

Mit der Optimal Distinctiveness Theory (Brewer 1991) gibt es hierfür auch einen sozialpsychologischen Erklärungsansatz: Im Allgemeinen suchen Menschen nach einem Gleichgewicht zwischen der Einordnung in eine größere soziale Einheit und der Hervorhebung innerhalb dieser Einheit im Hinblick auf ihre einzigartige soziale Identität.

> According to Brewer's theory, everyone needs to feel sufficiently connected to others, so as to be accepted and to belong, and also sufficiently individuated and different, so as not to be absorbed. (Ferdman 2014, 14)

Wenn diese simultan bestehenden Bedürfnisse von Menschen nach Zugehörigkeit und Individualität gleichzeitig befriedigt werden können, ist man als Gruppenmitglied anerkannt und es kann von Inklusion gesprochen werden. Dem dualen Verständnis von Diversität entsprechend wird hierbei anerkannt, dass es sowohl Gemeinsamkeiten als auch Unterschiede gibt, die das Zusammensein reicher machen. Inklusion ist insofern das Pendant zur Diversität, wenn Menschen sich gegenseitig annehmen und wertschätzen, nicht *obwohl*, sondern *weil* sie ähnlich und verschieden sind (Ferdman 2014, 5).

> It is about allowing for both similarities and differences at both the individual *and* the group levels at the same time that we are joined together in a common endeavor. (Ferdman & Davidson 2004, 33f.)

Ferdman (2014, 4) betont, dass Inklusion nicht objektiv gegeben ist, sondern von der eigenen subjektiven Wahrnehmung abhängt. Er nennt dies „Experience of Inclusion" als

> individuals' perception of the extent to which they feel safe, trusted, accepted, respected, supported, valued, fulfilled, engaged, and authentic in their working environment, both as individuals and as members of particular identity groups. (Ferdman et al. 2009 nach Ferdmann 2010, 38)

Inklusion bedeutet, dass Gruppenmitglieder ganzheitlich, mit allen ihren individuellen wie gruppenbezogenen Merkmalen und Besonderheiten angenommen und nicht nur reduziert werden auf eine oder einige wenige Rollen, z.B. als jemand, der/die gut präsentieren, rechnen, recherchieren kann oder sich gut mit IT auskennt.

> [Diversity] involves creating work contexts in which people are valued and appreciated as themselves and as integrated and complex with their full range of differences and similarities from and with each other. Essentially, inclusion is a way of working with diversity: it is the process and practice through which groups and organizations can reap the benefits of their diversity. (Ferdman 2014, 5)

Um inklusive Lernräume zu schaffen, ist es gut, wenn Sie als Lehrperson sich als erstes damit befassen, wie inklusiv sie sich selbst und andere behandeln können, wo Ihre (exkludierenden) Grenzen sind und mit welchen (Vor-)Annahmen zu Diversität Sie arbeiten. Das können negative wie positive Annahmen gegenüber bestimmten Gruppen sein oder in Bezug auf die (höhere oder niedrigere) Leistungsfähigkeit diverser Teams. Man kann nach van Dick & Stegmann (2016, 13) davon ausgehen, dass „Diversity gut ist, wenn man ihr gegenüber positiv eingestellt ist." Sie als Lehrende*r können Gruppen stärken, wenn Sie selbst Diversität als Ressource sehen und dies Ihren Studierenden auch vermitteln und damit einen wichtigen Beitrag leisten, ein positives Klima für Diversität zu schaffen und einen toleranten Umgang mit Verschiedenheit zu fördern. Gruppen teilen Wissen besser und erzielen bessere Leistungen, wenn sie vom Wert der Diversität überzeugt sind bzw. vorher überzeugt wurden (Buengeler & Homan 2016, 667f.). Wir verweisen hier ergänzend nach oben zurück zu den Lehrperspektiven (Kapitel 2) sowie zur Diversitykompetenz (Kapitel 7).

Didaktisch bedeutet dies, bewusste Entscheidungen mit Blick auf die Studierenden zu treffen und zwar auf die Studierenden, die da *sind* und nicht die, die Sie gerne da hätten. Diese Entscheidungen können Sie dann auch offenlegen, um während der Umsetzung mit den Studierenden in den Dialog über die erhofften und die tatsächlichen Effekte des laufenden Unterrichts einzutreten. Hier ist Ihr Rollenverständnis als Lehrende*r gefragt: Geben Sie das meiste vor (Inhalte, Abläufe, Methoden) oder verstehen Sie sich eher als Partner*in im Lernprozess, der/die adaptiv auf die Bedarfe der Studierenden eingeht? Wie weit gehen Sie bei der Beteiligung Ihrer Studierenden?

Partnership, after all, is one powerful way to help our students become the critical, independent thinkers and skillful global citizens that our universities aim to develop. (Cook-Sather et al. 2014, 184)

Partizipation von Studierenden kann in einer großen Bandbreite stattfinden, bei der Planung, Durchführung oder auch Bewertung von Lehrveranstaltungen: Gar nicht oder in sehr geringem Maße, wenn Sie alle Fäden in der Hand behalten oder sehr weitgehend als Aushandlungsprozess, bei dem Studierende als echte Partner*innen beteiligt sind (siehe Abb. 17).

Lehren wird umso mehr zu einem gemeinsamen Lernprozess, je weiter Sie die Partizipationsleiter hinaufsteigen. Die Basis legen Sie am besten bereits, wenn Sie sich den Studierenden vorstellen und dabei auch etwas zu Ihrer Lehrphilosophie sagen. In welcher Beziehung sehen Sie sich zueinander? Welche Verantwortung sehen Sie bei sich, welche bei den Studierenden? Wie offen sind Sie für Feedback, was kann und soll es bewirken? Wie offen wird Ihr Unterricht sein, können Studierende ihn beeinflussen und verändern? Wie klar unterscheiden Sie zwischen den verschiedenen Rollen, die Sie als Lehrende*r einnehmen, wenn Sie lehren, beraten, moderieren oder prüfen? Wie präsent sind Ihnen die damit verbundenen Status- und Machtfragen, die Ihre Partizipationsbemühungen sehr wohl konterkarieren können. Studierenden hilft es sehr, wenn sie wissen, in welcher Rolle Sie als Lehrperson vor ihnen stehen.

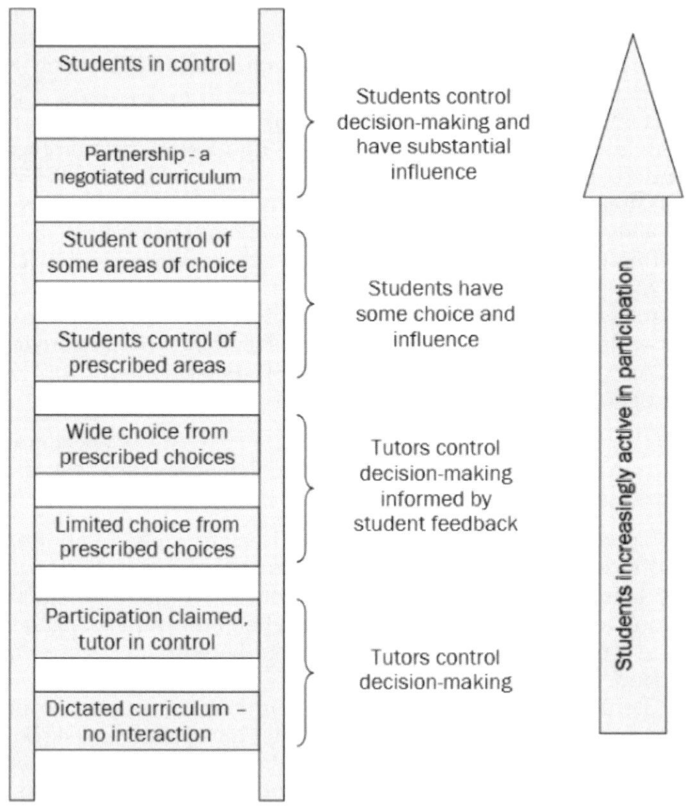

Abb. 17: Leiter der studentischen Partizipation
Quelle: Cook-Sather et al. 2014, 214.

9.2.6 Die gemeinsame Arbeit abschließen – sich trennen

Die letzte Phase ist die der Beendigung der gemeinsamen Arbeit in der Gruppe (vgl. Klein 2011, 28f.). Frühere - positive oder negative - Trennungserfahrungen werden hier aktiviert. Es kann Angst machen, wenn zur Gewohnheit gewordene Strukturen wegbrechen und kein Ersatz in Aussicht steht. Die Gruppe hat dazu beigetragen, Bedürfnisse nach Anerkennung, Zugehörigkeit und Sicherheit zu befriedigen. Wenn dies nun wegfällt, kann es einen Rückfall in die Unsicherheiten der ersten Phase der Findung geben und den Wunsch an die Leitung, Verantwortung zu übernehmen und Regelungen für die gemeinsame Arbeit zu treffen. Rückblickendes Bilanzieren kann schnell zu einer Suche von Schuldigen werden, um sich selbst oder auch die ganze Gruppe zu entlasten. Gruppen, die auf Zeit angelegt sind, sind im Vorteil gegenüber solchen, die auseinanderfallen, weil man nicht mehr „miteinander kann". Wichtig in jedem Falle ist eine positive Verarbeitung der gemeinsamen Zeit, damit jedes Mitglied sich gut ablösen kann und möglichst wenig diffuse und ungeklärte Gefühle zurückbleiben. Es bietet sich an, die gemeinsamen Erlebnisse und Erfahrungen zu reflektieren, die wichtigsten Punkte hervorzuheben und ggf. festzuhalten und darüber zu sprechen, welchen Weg jede*r einzelne einschlagen wird.

Als Lehrende*r können Sie das Ende durch Zwischenreflexionen ein Stück weit vorwegnehmen. In dieser letzten Phase können Sie den Gruppen Zeit für den gemeinsamen Rückblick einräumen und ihnen Leitfragen anbieten: Was habe ich/haben wir erlebt und gelernt? Was war hilfreich, was hinderlich? Was nehme ich/nehmen wir mit für kommende Gruppenarbeiten?

Für Ihre Studierenden könnte es zudem entlastend wirken, wenn Sie darauf hinweisen, dass Gruppenkonstellationen nie identisch sind. Wie Studierende sich in die vergangene Gruppenarbeit eingebracht haben, legt sie nicht zwangsläufig auf Rollen und Verhalten in künftigen Gruppen fest. Jede*r hat immer wieder die Chance, sich neu einzubringen und andere Rollen einzunehmen.

Weiterführende Empfehlungen:

Digitale Selbstlerneinheit zu Diversität in Teams
http://enhanceidm.eu/wordpress/output/blended-learning-training-on-idm-for-programme-leaders/e-learning/

Leitfaden zum „Effective Small Group Teaching"
von Edmunds & Brown (2010)
https://www.researchgate.net/publication/46008074_Effective_small_group_learning_AMEE_Guide_No_48

10 Lernerfolge (über-)prüfen: Inclusive Assessment

Prüfungen schließen den Lehr-Lernprozess formal ab, sie „bilden für Lehrende an Hochschulen nicht selten den Schlusspunkt einer Lehr- und Beratungstätigkeit mit Studierenden" (Walzik 2012, 9). Prüfungen haben immer eine „Double Duty" (Boud 2000) zu erfüllen. Sie beziehen sich gleichzeitig auf das Lernen und die Notengebung. Sie bewerten und sollen gleichzeitig Auskunft darüber geben, wie es (noch) besser ginge. Diese Mehrfachanforderung macht Prüfungen anfällig für die Reproduktion von Ungleichheiten. Die Persönlichkeit der Lehrenden und die Reflexion ihrer eigenen Prüfungspraxis, spielen dabei eine außerordentlich wichtige Rolle, wenn es darum geht, Studierende zu motivieren, ihnen auf Leistungen und Bewertungen passende Rückmeldungen zu geben und die Prüfungssituation angemessen zu gestalten. Eine große Herausforderung im Sinne von Diversity liegt nämlich darin, auf unterschiedliche Fähigkeiten von Studierenden einzugehen und dies in der Leistungsbewertung zu berücksichtigen (Walzik 2012, 15).

Gegebene Standards sollen erreicht werden, was einige Prüflinge chancenlos ausschließt (exkludiert). Sie bekommen unter diesen Bedingungen keine Gelegenheit, ihre – zweifelsohne vorhandenen – Fähigkeiten zeigen zu können. Müssen alle Studierenden dieselbe Prüfung ablegen, führt das zwangsläufig zu Benachteiligungen. Wenn man keine Ausnahmen zulässt, greift lediglich die an Hochschulen angebotene Möglichkeit des Nachteilsausgleichs für Studierende mit einer anerkannten Beeinträchtigung. Übliche Erleichterungen bestehen darin, längere Bearbeitungszeiten zu gewähren, einen extra Raum für das Schreiben einer Prüfung oder auch einen Laptop oder eine*n Schreiber*in zu stellen (z.B. Gattermann-Kasper 2018). Waterfield & West (2006) bezeichnen dieses Vorgehen als einen „contingent approach", weil benachteiligte Studierende individuell behandelt werden, wohingegen die Standardverfahren unverändert bleiben. In der Praxis lässt sich eine ganze Bandbreite an gewährten Erleichterungen beobachten, wobei meist unklar ist, auf welcher Grundlage sie eingeräumt werden. Das birgt die Gefahr, dass die Chancengleichheit unterlaufen statt gesichert wird. Selbst die Begünstigten dieser speziellen Arrangements, die letztlich auch eine Anpassung an das bestehende System erfordern, zeigen sich nicht wirklich zufrieden und sehen die individuellen Vereinbarungen nur als zweitbeste Lösung an (Waterfield und West 2006, 17; Hockings 2010, 38 mit weiteren Verweisen).

Inklusive Prüfungen haben dagegen den Anspruch, zieladäquate und faire Prüfungsmethoden und -verfahren so zu gestalten, dass *alle* Studierenden ihr volles Leistungspotenzial demonstrieren können (Hockings 2010, 34). Diesem Anspruch folgend, lässt sich das bestehende Prüfungswesen an Hochschulen mehrfach kritisieren:

- Ein erster Kritikpunkt besteht darin, dass Prüfungen in der Praxis in den allermeisten Fällen nach wie vor nicht an kompetenzorientierten Learning Outcomes orientiert sind, sondern Fachwissen abfragen (Wex 2012). Das Prüfungswesen an Hochschulen erweist sich diesbezüglich als sehr veränderungsresistent und ist noch weit entfernt davon, im Sinne der Bologna-Reform kompetenzorientiert zu sein (Reis 2010). Sowohl die Unterscheidung geeigneter Prüfungsformate nach den Funktionen von prozessbegleitenden (formativen) und abschließenden (summativen) Prüfungen im Studienverlauf als auch die Ausrichtung an der Kompetenzentwicklung der Lernenden ist für deutsche Hochschulen immer noch eine Herausforderung (Schaper et al. 2012).
- Die Fokussierung auf die klassischen Prüfungsformate, wie Klausuren, mündliche Prüfungen sowie Hausarbeiten, führt zu einer Bevorzugung von „traditionellen“ gegenüber „nichttraditionellen“ Studierenden. Studien aus Großbritannien (Hockings 2010, 36ff.) belegen, dass Studierende mit weißer Hautfarbe („white students“) im Durchschnitt bessere Studienergebnisse aufweisen als Angehörige von Minderheiten und die Prüfungsbedingungen analog auch als unterschiedlich fair wahrgenommen werden. Studierende mit einem berufspraktischen Hintergrund haben häufig den Eindruck, dass ihre Ausbildung sie nicht adäquat auf akademische Arbeitsweisen und klassische Prüfungsformen vorbereitet. Von ihnen wird erwartet, sich darauf einzustellen, alternative Prü-

fungsangebote werden nicht gemacht. Es lassen sich auch für weitere Gruppen (z.B. nach Gender, Ethnie, familiärem Hintergrund, Einkommen, sozialem Status) Benachteiligungen durch die bestehenden Prüfungsverfahren feststellen (Thomas und May 2010, 13 mit vielen Verweisen). Hounsell et al. (2007, 8) stellen vor diesem Hintergrund die Frage:

> Could an assessment scheme be considered fair if it had the effect of enabling the traditional entrants to shine without having to stretch themselves, while leaving the non-traditional entrants toiling to make up the gap between themselves and their peers? And what might be the consequences of an extended game of catch-up for the motivation and commitment of some non-traditional students?

- Ein weiterer Kritikpunkt ist die sehr einseitige Ausrichtung von Prüfungen auf die Selektionsfunktion. Das ist gut erkennbar an den Modulbüchern, in denen die Abschlussprüfung, nicht aber Hinweise auf Formen lernbegleitender Lernfortschrittskontrollen erfolgen (z.B. FIBAA o.J.). Durch diese einseitige Ausrichtung auf Abschlussprüfungen werden die für den Lernerfolg wichtigen Feedbackgelegenheiten während des Lernprozesses vernachlässigt. Zwar enthalten die Bewertungen zum Ende einer Lernperiode eine Rückmeldekomponente, meist in Form einer Note, kommen aber zu spät, um die Qualität des Lernens nachhaltig zu beeinflussen.
- Häufig sind auch die Aktivitäten in den einzelnen Veranstaltungen nicht auf die Prüfungsinhalte am Ende eines Semesters abgestimmt, so dass die prüfungsvorbereitenden Lernaktivitäten der Studierenden nicht auf die intendierten Learning Outcomes ausgerichtet werden (Biggs und Tang 2011). Dies ist z.B. sehr deutlich der Fall, wenn in Veranstaltungen Teamarbeit stattfindet und Präsentationen geübt werden, die Abschlussprüfung aber im Multiple-Choice-Format erfolgt.

Hier nun einige Vorschläge, wie inklusive Prüfungen gestaltet werden könnten:

Insgesamt ist ein ausgewogenes Verhältnis zwischen formativen und summativen Prüfungselementen sehr erstrebenswert (Hounsell et al. 2007), vor allem, weil die oft vernachlässigten formativen Rückmeldekomponenten einen ganz wichtigen Beitrag zum studentischen Lernen und zur Steigerung der Lernmotivation leisten (Hernández 2012). Hier liegen große Potenziale für die individuelle Ansprache von Studierenden, um unter Diversitätsgesichtspunkten positiven Einfluss auf ihr Lernen zu nehmen.

Studierende stärker in formative Rückmeldeprozesse einzubinden, führt zu verstärkter Reflexion über die eigenen Lernprozesse und steigert die Selbstverantwortung (Hernández 2012, 501). Formative Überprüfungen im Laufe des Lernprozesses sollten ohnehin mehr als ein Kommunikationsprozess zwischen Lehrenden und Studierenden verstanden werden, so dass Studierenden klarer wird, wie diese ihr Lernen positiv beeinflussen können (Higgins et al. 2001; Hattie 2012, 135f.). In solch einem Dialog wäre es möglich, die Studierenden in die Entwicklung der Qualitätskriterien einzubinden, was zu einem vertieften Verständnis für die Anforderungen an gute Leistungen führt und eine zusätzliche (Meta-)Perspektive auf die Inhalte sowie den Lern- und Arbeitsprozess eröffnet.

Formen des Self- und Peer-Assessments fördern reflexives Lernen und können gleichzeitig helfen, (Über-)Beanspruchungen von Lehrenden zu vermeiden. Lernkontrollfragen anzubieten, die Studierende in Gruppen bearbeiten und sich anschließend über die Lösungen austauschen, ist nicht nur gut für den Lernerfolg, sondern auch für Lehrende ressourcenschonend (Dubs 2006, 3).

Unsere Empfehlung

Entwerfen Sie kleine Tests oder andere Rückmeldeinstrumente und die zugehörigen Lösungs-/Bewertungsschemata gemeinsam mit den Studierenden in mehreren Gruppen. Das fördert den Dialog über Leistungsanforderungen. Die anschließende Bewertung können Studierende dann selbst als Self-Assessment oder für jemand anderen als Peer-Assessment durchführen. Im Anschluss an die Bewertung sollte Zeit für eine Nachbesprechung sein.

Ihr großer Vorteil: Der Überprüfungsvorgang findet innerhalb der Lehrveranstaltung statt und Sie können sich ganz auf die Unterstützung bei der Klärung kritischer Punkte konzentrieren.

Weiterführend hilfreich: Classroom Assessment Techniques (CATs) z.B. unter https://cft.vanderbilt.edu/guides-sub-pages/cats/

Price et al. (2012) sprechen von Prüfungskompetenz (Assessment Literacy), die Studierende erwerben, wenn Sie aktiv in das Prüfungsgeschehen eingebunden werden. In diesem Sinne haben Higgins et al. (2001, 274) schon früh propagiert, aus dem Feedback ein „Feedforward" zu machen, bei dem betont werden soll, was Studierende aus dem Feedback machen, um ihren weiteren Lernweg besser zu gestalten.

> Involving students in assessment provides an authentic opportunity for them to learn what 'quality' is in a given context [...]. (Bloxham 2009, 217)

Prüfungen kompetenzorientiert zu gestalten, also über das Wissen hinaus auch auf Handlungsvollzüge auszurichten (Reis 2010, 158f.), könnte einen Beitrag leisten, nichttraditionellen Studierenden bessere Prüfungsbedingungen zu gewähren, in denen sie ihre praktischen Fähigkeiten zeigen können.

Neben der Wahl der Prüfungsform wäre es auch denkbar, den unterschiedlichen Bedürfnissen der Studierenden entgegen zu kommen, indem die Anzahl der Prüfungen (häufige (Teil-) Prüfungen vs. komplexere Abschlussprüfungen) in verschiedenen Studienabschnitten variiert oder sogar als Wahlmöglichkeiten angeboten werden. Genauso könnten zeitlich flexiblere Staffelprüfungen (im Gegensatz zu geblockten Prüfungen) angeboten werden, bei denen die Studierenden die Prüfungstermine in gewissen Grenzen selbst bestimmen (Viebahn 2010, 14ff.).

Unter Diversitätsgesichtspunkten wäre ein von Waterfield & West (2006) vorgeschlagener „inclusive approach" wünschenswert: Sie schlagen eine flexible Bandbreite von Prüfungsformaten für *alle* Studierenden vor, so dass die gleichen Learning Outcomes auf verschiedene Weise überprüft werden können. Viebahn (2008, 109) plädiert auch vor einem lernpsychologischen Hintergrund für eine solche Pluralität der zu erbringenden Studienleistungen. Das Ziel, die bei den Studierenden vorhandenen unterschiedlichen Stärken, Bedarfe und Interessen zu fördern, erfordert es, qualitativ unterschiedliche, aber gleichwertige Studienleistungen (z.B. forschungsmethodische vs. berufspraktische, spezialisiert vertiefte vs. überblicksorientierte) als Prüfungen vorzusehen. Als Wahlmöglichkeiten inhaltlicher Art schlägt Viebahn (2008, 143f.) vor, dass Studierende sich entweder über die Inhalte einer Vorlesung oder alternativ über bestimmte vorgegebene Werke prüfen lassen können. Im Rahmen des Selbststudiums können Studierenden dazu ergänzende Materialien angeboten werden, die auf ihre Lernvoraussetzungen abgestimmt sind.

Die Verankerung formativer Rückmeldungen – nicht nur als optionales Extra – in das Prüfungssystem kann gewährleisten, dass *alle* Studierenden Feedback zu ihren Lernprozessen bekommen, ohne Angst vor dem Versagen haben zu müssen. Genauso gewähren auch Wahlmöglichkeiten bei den Prüfungen *allen* Studierenden bessere Chancen ihre Lernerfolge zu zeigen. Eine größere Vielfalt an Prüfungsformaten eröffnet zudem die Möglichkeit, unterschiedliche (fachliche und überfachliche) Kompetenzen in den Vordergrund zu stellen (Hounsell et al. 2007). Größere Gestaltungsmöglichkeiten können zum Abbau von Verständnisschwierigkeiten beitragen, die Studierende häufig haben, wenn es um die zu erfüllenden Erwartungen im Studium geht und diese insbesondere in Prüfungen richtig zu dekodieren (Haggis 2006, 528f.).

Beispiel: Wahlmöglichkeiten vorsehen

Die Einführung von Wahlmöglichkeit bei Prüfungen kann bewirken, dass Studierende mehr Verantwortung für ihr Lernen übernehmen. In zahlreichen Fällen hat sich gezeigt, dass durch die Einführung einer Wahlmöglichkeit die Notwendigkeit eines Nachteilsausgleichs entfällt. Bei der Entwicklung von alternativen Prüfungsformaten sollten Aktivitäten in Betracht gezogen werden, die reale Lebenskontexte simulieren, auch wenn es sich dabei nur um eine Abstraktion der realen Berufspraxis handelt. Beispielsweise können die Studierenden gebeten werden, einen Bericht über aktuelle Ereignisse im Zusammenhang mit einem Aspekt ihres Fachs zu schreiben. Es ist davon auszugehen, dass reale Kontexte das Engagement der Studierenden bei der Prüfungsdurchführung verbessern. Allerdings ist bei der Planung der Anzahl der Prüfungsalternativen Vorsicht geboten: Studierende sollten nicht mit einer zu großen Auswahl [max. 3; d. Verf*innen] überfordert werden. Bereiten Sie die Studierenden auf die Prüfungen vor, indem Sie die Unterschiede zwischen den gegebenen Prüfungsalternativen einschließlich der relevanten Beurteilungskriterien diskutieren. [Übers. d. Verf*innen]

Entnommen aus der sehr empfehlenswerten Zusammenstellung von Punkten für die Erstellung von inklusiven Prüfungen in der 7 Steps-Serie der University of Plymouth:

https://www.plymouth.ac.uk/uploads/production/document/path/2/2401/7_Steps_to_Inclusive_Assessment.pdf

11 Digital divers – divers digital?

Online-Lehre und die Spannbreite ihrer Bereitstellungsmöglichkeiten erweitern Lehr- und Lernerfahrungen deutlich. Wie das coronabedingte Sommersemester 2020 gezeigt hat, verfügen die meisten Hochschulen in Deutschland über eine ausreichende technische Infrastruktur, wie die Bereitstellung von Learning-Management-Systemen (z.B. Moodle, Ilias), Online-Semesterapparaten, Virtual Classrooms, ausgebaute Service-Ressourcen wie Medienzentren und E-Learning-Berater*innen sowie strategische Zielsetzungen und Maßnahmen (Digitalisierungs- und Lehr-Lernstrategien), um alternative Lehr-Lern-Formate zu gestalten.

Die Hochschulrektorenkonferenz (HRK) führt in ihren Impulsen für die Praxis (2016, 2) die Heterogenität der Studierenden als zentrales Motiv dafür auf, mithilfe von E-learning und der damit einhergehenden Zunahme an didaktischen Möglichkeiten „[...] die akademische Lehre weiter zu flexibilisieren [...]", um damit unterschiedlichen Bedarfen besser begegnen zu können:

> Lerninhalte und Wissen werden leichter einer großen Hörerschaft zugänglich gemacht, zeit- und ortsunabhängiges Lernen kann realisiert werden, Lernräume werden verbunden sowie inhaltliche und soziale Vernetzung ermöglicht. [...] Digitale Technologien sind allerdings kein Selbstzweck. Sie erlangen ihren Mehrwert erst durch die Einbettung in didaktische Konzepte, die bereits seit den 1990er Jahren Eingang in die Präsenzlehre finden. (HRK 2016, 2 mit entsprechenden Verweisen)

Ein umfassendes Angebot digitaler Online-Lehre kann die didaktische und fachliche Qualität hochschulintern wie auch -übergreifend fördern, denn sie ermöglicht den Lehrenden eine stärkere Vernetzung von Lehrinhalten und -aufgaben innerhalb ihrer Fachkulturen. Gerade die Produktion, Bereitstellung und Weiterverwendung von Open Educational Resources (OER)-Lehr-Lernmaterialien für das begleitete Selbststudium u.a.m. durch und für

Lehrende kann zu einer Weiterentwicklung in der Hochschullehre führen.

Die digitalen Möglichkeiten im Lehralltag aber tatsächlich auch für diversitätsgerechtes Lehren und Lernen zu nutzen, ist in vielerlei Hinsicht voraussetzungsvoll. Es geht um den kompetenten Umgang mit digitalen Medien für das Lehren und Lernen. So ist beispielsweise der Einsatz digitaler Tools und Materialien zu planen und zu gestalten, es sind E-Tools für die Interaktion der Lehrenden mit den Lernenden zur Verfügung zu stellen. Außerdem sollte auch das Lernen untereinander mit Hilfe digitaler Medien so unterstützt werden, dass die Lernenden ebenfalls in die Lage versetzt werden, ihre eigenen Lernprozesse zu planen, zu reflektieren und deren Ergebnisse zu dokumentieren.

Neben diesen digitalen Lehrkompetenzen, die auch im europäischen Rahmen für die digitale Kompetenz von Lehrenden (DigCompEdu 2020) aufgezeigt werden, ist für die diversitätsgerechte Didaktik ein weiterer Aspekt von zentraler Bedeutung: die Orientierung an den Lernenden im Sinne einer aktiven und individuellen Einbindung in die Gestaltung der Lehr-Lernprozesse. Lehrende schaffen reale Lernkontexte und ermöglichen die aktive Auseinandersetzung der Lernenden mit komplexen lebensweltlichen Problemlagen, in dem sie digitale Medien aktiv und kreativ dafür nutzen, um Lernende einzubeziehen. Hierbei spielt die digitale Teilhabe im Sinne der Gewährleistung, dass eingesetzte Medien und Lernaktivitäten für alle Lernenden zugänglich sind, eine wichtige Rolle. Lehrende können hier unterstützen, indem sie die Individualisierung von Lernzielen, mit unterschiedlichen Lerntempi und -wegen ermöglichen. Der Einsatz digitaler Tools folgt dabei der Umsetzung entsprechender didaktischer Strategien durch die Lehrenden.

Nachfolgend werden daher zunächst entlang der Lehr-Lernsettings (siehe Kap. 2.2) digitale Tools aufgeführt und entsprechend ihrer didaktischen Eignung für die Lehr-Lernsettings sortiert. Dann widmen wir uns den Grundvoraussetzungen digitaler Teilhabe anhand eines sog. Feed_In Instruments. Abschließend empfehlen wir asynchrone, den Lernprozess begleitende Selbstlernaufgaben, die diversitätsgerechtes Lehren und Lernen durch Individualisierung und Differenzierung unterstützen.

11.1 Digitale Tools in Lehr-Lernsettings

Die Implementierung digitaler Lehr-Lernformate wirft Fragen didaktischer Art und über ihre technischen Voraussetzungen auf. Häufig dominieren zunächst technische Fragen und Kenntnisse über Softwareanwendungen. In Lehr-Lerndiskussionen von Lehrenden und Studierenden stehen die „Tools“ und ihre Möglichkeiten im Fokus des Interesses. Tools sind eine wichtige Voraussetzung zur Teilhabe und Nutzung digitaler Lehre. Die hochschuldidaktische Gestaltung der Lehr-Lernprozesse ist für die Lehr-Lernerfolge aber gleichermaßen bedeutsam:

> Insgesamt ergibt sich der wenig überraschende Befund, dass die häufige Nutzung von digitalen Medien für sich genommen nicht automatisch zu besseren Lernleistungen führt. Stattdessen kommt es darauf an, *wie* sie eingesetzt werden. Zur Planung und Beurteilung dieser Qualität müssen lerntheoretische und didaktische und nicht primär technische Überlegungen die zentrale Rolle spielen. (Petko 2014, 109)

Entsprechend unserer oben getroffenen Unterscheidung von Lehr-Lernaktivitäten in darbietende, aktivierende und interaktionsorientierte Settings (Kap. 2.2), lassen sich entsprechende digitale Tools zuordnen. Nachfolgend erweitern wir unser Modell um ausgewählte Softwarelösungen:

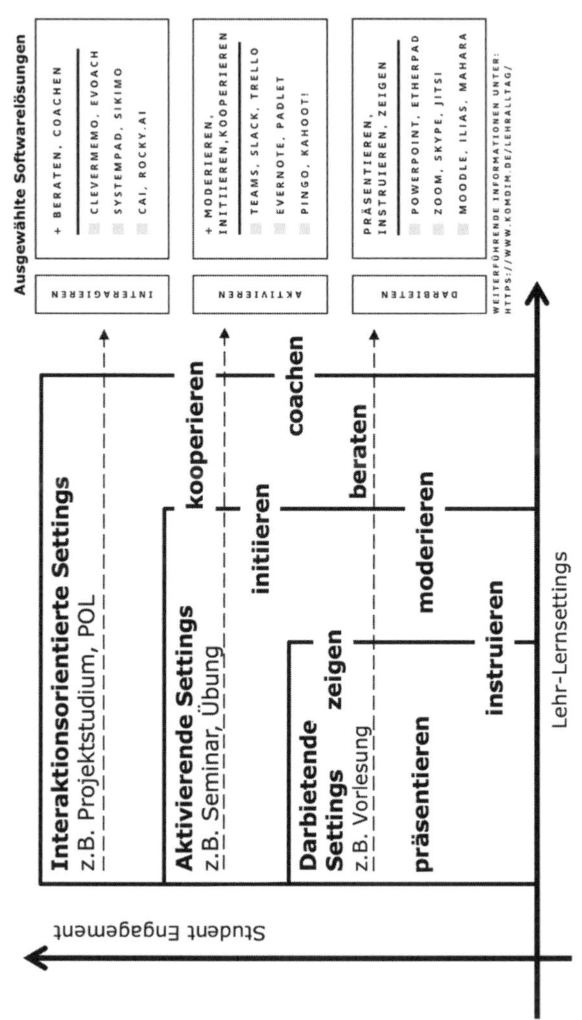

Abb. 18: Digitale Tools in Lehr-Lernsettings
Quelle: Eigene Darstellung

- *Darbietende* Lehr-Lernformate, wie beispielsweise die Vorlesung und hier besonders der Lehrvortrag, stellen die Wissensvermittlung in den Vordergrund und dementsprechend geht es um die Bereitstellung von Materialien. Hierfür eignen sich z.B. Recording Tools, wie Powerpoint oder ZOOM. In Lernmanagementsystemen wie Moodle oder ILIAS werden diese Materialien dann hochgeladen. Für kleinere aktivierende Sequenzen können dazu auch Response-Systeme genutzt werden wie beispielsweise Pingo oder Kahoot.
- In *aktivierenden* Settings, wie in Seminaren und Übungen erhalten Studierende Lernaufgaben, die sie allein oder auch kollaborativ gemeinsam mit anderen lösen. Dementsprechend können Funktionalitäten wie Quizze, Umfragen, Chatrooms in Lernmanagementsystemen wie Moodle oder ILIAS das Lernen unterstützen, wenn Software eingebunden wird, die Kollaboration und interaktives Feedback ermöglicht (wie z.B. MS Teams oder Slack).
- *Interaktionsorientierte* Settings benötigen weitaus mehr Softwarefunktionen, die von den Lernenden selbst individuell und als Gruppe gestaltet werden können, um unterschiedliche Kollaborationsmöglichkeiten anzubieten, wie beispielsweise Portfolio-Systeme und kollaborative Dokumentenbearbeitung. Hierbei geht es darum, dass Lehrende als Lernbegleiter*innen agieren und auch digital die Kommunikations- und Interaktionsräume bereitstellen und ggf. auch moderieren – das geht z.B. mit Systempad oder Evoach.

Mit steigender Komplexität der Lehr-Lernsettings können die Softwarelösungen aufeinander aufbauend verwendet werden. Gleichzeitig steigt damit auch der Grad der Softwarekomplexität. Das heißt z.B., dass man zwar PowerPoint für ein Coaching einsetzen kann, eine Coachingsoftware aber nicht für ein rein darbietendes Lehr-Lernsetting.

Eine Flexibilisierung der Hochschullehre mit Hilfe digitaler Angebote erhöht die Vereinbarkeit des Studierens mit anderen Aktivitäten und Verpflichtungen, wie beispielsweise Erwerbstätigkeit sowie beruflichen oder familiären Verpflichtungen. Formate begleiteten Selbststudiums und medienvermittelte Interaktion zwischen Lehrenden und Studierenden ermöglichen auch, dass Studierende, wie in der Corona-Krise deutlich geworden – beispielsweise bei der Schließung der Hochschulen –, größere zeitliche Verzögerungen der Regelstudienzeit vermeiden können. Hochschul- und auch Mediendidaktiker*innen betonen hierfür aber die Notwendigkeit einer strukturierten und kontinuierlichen Anleitung und Begleitung, denn weder alle Studierenden noch alle Lehrenden suchen und nutzen die Medien in der Hochschule selbstständig (vgl. Persike & Friedrich 2016).

In Ergänzung zu den bereits angesprochenen Barrieren, die für Studierende mit Beeinträchtigung zu Behinderungen werden können (Kapitel 3.1), spielen Barrieren auch in digitalen Lehr-Lernräumen eine Rolle. Hier geht es um technische Zugangsmöglichkeiten, die barrierefreie Gestaltung der eingesetzten Medien wie Dokumente, Videos, Webseiten, aber auch ganzer Lernplattformen sowie der Live-Kommunikation.

> Eine sehr empfehlenswerte Materialsammlung zur barrierefreien Gestaltung digitalisierter Lehr- und Lernangebote sowie von Webangeboten hat das Deutsche Studentenwerk zusammengestellt:
>
> https://www.studentenwerke.de/de/content/barrierefreie-lehre#umsetzung

11.2 Bevor es losgeht: Feed_In

Digitale Lehr-Lernformate bieten Chancen für diversitätsgerechtes Lehren und Lernen. Insbesondere die Entkoppelung von räumlichen und zeitlichen Rahmenbedingungen baut Zugangsschwierigkeiten ab und eröffnet eine größere Bandbreite barrierefreier Gestaltungselemente. Eine grundlegende Herausforderung besteht für Studierende allerdings in der Teilhabe an digitalen Formaten. Insbesondere die medientechnische Ausstattung sowie Zugangsvoraussetzungen für internetbasierte synchrone Formate sind häufig auch bei den Studierenden sehr unterschiedlich. Dies gilt es bei der Planung und Durchführung zu bedenken.

Hinzu kommt: Lehren und Lernen mit räumlicher Distanz erfordert ein hohes Maß an Organisations-, Abstimmungs- und Informationsbereitschaft sowie Flexibilität auf Seiten der Lehrenden und Studierenden. Das Lernen mit digitalen Medien wird durch eine gute technische Ausstattung unterstützt. Es kann allerdings nicht gewährleistet werden, dass alle Studierende sich diese gleichermaßen leisten können. Dementsprechend starten sie unterschiedlich gut ausgestattet in digitale Lehr-Lernprozesse. Dieser Diversität will auch begegnet werden.

Für einen gelingenden Start in digitale Lernprozesse empfiehlt sich eine kurze Feed_In Befragung zu den individuellen Voraussetzungen der teilnehmenden Studierenden; und zwar veranstaltungsbezogen. Anders als klassische Ansätze und Instrumente zur Erfassung studentischer Rückmeldungen, wie sie heute noch häufig in standardisierten Evaluationsverfahren an Hochschulen genutzt werden und die einen retrospektiven Blick auf Lehr-Lernsituationen erfassen, bieten Feed_In Befragungen eine partizipative Möglichkeit, bereits im Vorfeld einen Überblick über die Rahmenbedingungen von Studierenden zu erhalten, in denen Lernen stattfinden wird. Lehrpersonen bekommen so ein umfassendes Bild davon, unter welchen Bedingungen Studierende an der Lehrveranstaltung digital teilnehmen werden.

Exemplarisch stellen wir nachfolgend ein Feed_In Instrument zur Befragung vor, das an der Universität Duisburg Essen entwickelt und erprobt wurde. Mit dieser Befragung erhalten Lehrpersonen Rückmeldungen zur medientechnischen Ausstattung und zur Medienkompetenz sowie zu Kollaborations- und Kommunikationswünschen ihrer Studierenden.

Die Feed_In Befragung ist folgendermaßen aufgebaut:

1. Angaben und Zustimmung zum Datenschutz
2. Fragen zur medientechnischen Ausstattung mit vorgegebenen Itemlisten
3. Fragen zur Softwarenutzung und Medienkompetenzen
4. Fragen zu Wünschen, Erfahrungen und Erwartungen zur Kollaboration und Kommunikation (teilweise mit Rankingfragen)
5. Offene Freitextfragen zu Chancen und Risiken der Online-Lehrveranstaltung

UNIVERSITÄT DUISBURG ESSEN

Offen im Denken

Feed-In-Befragung

Medientechnische Ausstattung

Welche der genannten Geräte besitzen Sie bzw. auf welche Geräte können Sie im Sommersemester 2020 für Ihr Studium zurückgreifen? (Mehrfachnennung möglich.)

- ☐ Desktop-Computer (z.B. Dell Inspirion, Apple iMac)
- ☐ Notebook/Laptop/Convertible (z.B. Microsoft Surface, Apple MacBook)
- ☐ Tablet-PC (z.B. Samsung Galaxy Tab, Apple iPad)
- ☐ Smartphone (z.B. Samsung Galaxy, Apple iPhone)
- ☐ virtueller Desktop (z.B. VMware, Remotedesktop)

Welches der nachfolgenden Geräte werden Sie **hauptsächlich** für Ihre studienbezogene Arbeit und zum Lernen **in dieser Lehrveranstaltung** nutzen?

- ○ Desktop-Computer (z.B. Dell Inspirion, Apple iMac)
- ○ Notebook/Laptop/Convertible (z.B. Microsoft Surface, Apple MacBook)
- ○ Tablet-PC (z.B. Samsung Galaxy Tab, Apple iPad)
- ○ Smartphone (z.B. Samsung Galaxy, Apple iPhone)
- ○ virtueller Desktop (z.B. VMware, Remotedesktop)

Wie gut schätzen Sie die Leistungsfähigkeit des Ihnen zur Verfügung stehenden Geräts ein?

- ○ Ich erwarte, dass das Gerät die technischen Anforderungen weitestgehend erfüllen kann.
- ○ Ich erwarte, dass es bei der Nutzung zu Problemen kommt (z.B. aufgrund des Alters des Geräts, aufgrund von Beschädigungen oder fehlender Software etc.).
- ○ Ich kann dies derzeit nicht abschätzen.

Abb. 19: Exemplarischer Auszug Feed_In Befragung, Fragen zur medientechnischen Ausstattung
Quelle: Auferkorte-Michaelis & Haschke 2020

Antworten auf die Fragen nach der medientechnischen Ausstattung (Abb. 19) sind deshalb wichtig, damit Lehre bei den Studierenden im wörtlichen Sinne überhaupt empfangen werden kann. Die persönliche medientechnische Ausstattung der Studierenden und die Konnektivität des verfügbaren Internetanschlusses sind entscheidende Voraussetzungen, um überhaupt teilhaben zu können. Mobile Datenverbindungen, die Studierende nutzen, sind häufig instabil, in der vorhandenen Bandbreite nicht gleichbleibend und im Datenvolumen unter Umständen zusätzlich beschränkt. Wenn Studierende nicht über einen eigenen Desktop-PC, Laptop oder eine virtuelle Maschine verfügen können, wann immer sie das möchten, dann können studienbedingte Tätigkeiten behindert werden. Eine virtuelle Maschine ermöglicht es Nutzer*innen per Fernzugriff über einen bspw. leistungsschwachen Laptop, Desktop-PC oder auch Tablet auf einen i.d.R. leistungsstarken und vollwertigen Computer zuzugreifen, ohne ein neues Endgerät anschaffen zu müssen. Die virtuelle Maschine weist keinen Unterschied zu jedem anderen Computer auf, bis auf die Tatsache, dass für die stets ortsunabhängige Nutzung eine stabile und ausreichend schnelle Internetverbindung vorhanden sein muss. Somit können Studierende und auch Lehrende, die nicht über eine entsprechende technisch leistungsstarke Ausstattung verfügen, dennoch komplexere Anwendungen nutzen und würden nicht aufgrund fehlender technischer Ressourcen benachteiligt. Sie als Lehrperson können auf diese Möglichkeiten verweisen bzw. Ihre Studierenden bitten, dies in den entsprechenden (zentralen) medientechnischen Einrichtungen anzufragen.

Ähnlich verhält es sich, wenn Studierenden nur Smartphone- oder auch Tabletbildschirme zur Verfügung stehen, denn dann bestehen nur eingeschränkte Möglichkeiten, an komplexen Lehr-Lernsettings teilzunehmen. Dies gilt insbesondere, wenn selbst produktiv etwas von Studierenden erstellt werden soll, da die Lesbarkeit, Bearbeitung und Erstellung von und in digitalen Inhalten (PDF-Dokumente, Zugang zu Lernmanagementsystemen etc.) mit vergleichsweise erheblichem Mehraufwand an Zeit und Geschick verbunden sind. Darüber hinaus ist nicht jede Software für mobile Betriebssysteme verfügbar oder in dem gewohnten Funktionsumfang nutz- und bedienbar. Für das Studium ist dann insbesondere die simultane Dokumentation und Bearbeitung von Lerninhalten in digitalen Kollaborationstools in der Präsenzzeit kaum möglich. Synchrone Lehrformate (insbesondere streaming), die nicht später zusätzlich zur Verfügung gestellt werden, können sich dann negativ auf die Lernergebnisse der Studierenden auswirken. Positiv lässt sich dem entgegenwirken, indem Lehrende synchrone Formate vornehmlich interaktiv nutzen, Inhalte dauerhaft als Materialien zur Verfügung stellen, Arbeitsanweisungen und Fragestellungen so gestalten, dass sie auch problemlos auf mobilen und kleinen Endgeräten angesehen und ggf. sogar bearbeitet werden können und vor allem großzügige und flexible Zeitfenster zur Bearbeitung von digitalen Inhalten und Aufgaben zur Verfügung stellen. Hierfür bietet es sich an, veranstaltungsbezogen möglichst ein Lernmanagementsystem zu nutzen. Dort können alle Materialien, Kontakte u.a.m. gebündelt werden. Lernmanagementsysteme (wie bspw. moodle oder ILIAS) werden für digitale Lehrformate sozusagen zum „Veranstaltungsraum", in dem alle hauptsächlichen Kollaborations- und Kommunikationsaktivitäten stattfinden.

Für eine gelingende Interaktion im digitalen Veranstaltungsraum ist es wichtig zu erfahren, inwieweit die Studierenden im Umgang mit Lernmanagementsystemen vertraut sind. Auch das wird in einer Feed_In Befragung entsprechend erhoben. In unserer Feed_In Befragung geht es daher auch darum, wie die Teilnahme in diesem „virtuellen Veranstaltungsraum" konkret erfolgt oder erfolgen kann, beispielsweise welche Kommunikationskanäle genutzt werden können.

Für die Feed_In Befragung erfolgt eine automatisierte Auswertung, so dass den Lehrenden die Rückmeldungen entsprechend aufbereitet übermittelt werden können. Nach Ablauf einer meist einwöchigen Bearbeitungszeit für die Studierenden wird die Befragung geschlossen und der Ergebnisbericht der Lehrperson unmittelbar per E-Mail übermittelt.

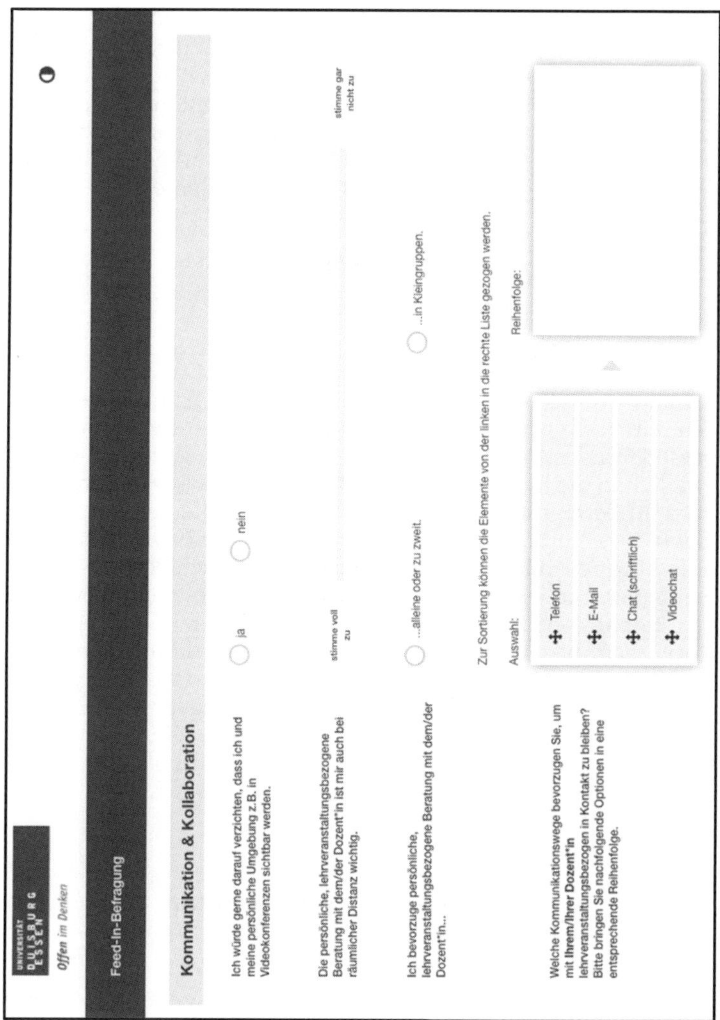

Abb. 20: Exemplarischer Auszug Feed_In Befragung, Fragen zur Kommunikation und Kollaboration
Quelle: Auferkorte-Michaelis & Haschke 2020

Die Bereitstellung von Materialien, die Bearbeitung von Aufgaben bis hin zur (Über-)Prüfung des eigenen Lernstands sind für viele Studierende hier besonders wichtig. Aber auch die Möglichkeit Fragen zu stellen, zu diskutieren, zu interagieren - untereinander wie mit der Lehrperson - gehören dazu und komplettieren das Lehr-Lerngeschehen. Ein vollständiger Einblick in eine solche Befragung ist unter folgendem Link möglich:

https://evaluation.uni-due.de/evasys/online.php?p=SMYVE

Zusammenfassend lässt sich sagen, dass mit Feed_In Befragungen der Vielfalt der Studierenden begegnet werden kann. Lehrpersonen haben in der Regel vor Veranstaltungsbeginn keinen Einblick in die Realität und den Studienalltag der Studierenden. Feed_In Befragungen können im Vorfeld Studierende dazu einladen, ihre Voraussetzungen zur Teilhabe (ob beim Lernen mit oder ohne räumliche Distanz), Bedarfe und auch Befürchtungen weitgehend anonym zu äußern. Sie als Lehrperson können sonst nur empathisch mutmaßen, welche Voraussetzungen, welches Vorwissen, welche Kompetenzen und Entwicklungsperspektiven u.a.m. in der lernenden Gruppe einer Lehrveranstaltung zu erwarten sind. Lehrende können mit den Ergebnissen Lehren und Lernen besser aufeinander abstimmen, indem bspw. Materialien zielgruppenspezifisch aufbereitet und für alle zur Verfügung gestellt werden.

11.3 Nicht zuletzt: Asynchrone Selbstlernphasen empfohlen!

Einen besonderen Stellenwert beim diversitätsgerechten Lehren und Lernen mit räumlicher Distanz nehmen die Selbstlernphasen ein, daher möchten wir abschließend hier noch darauf eingehen.

Die Forschungen von Rolf Schulmeister et al. (2012) zeigen, dass das Lernverhalten im Selbststudium maßgeblich für Studienerfolg bzw. -misserfolg ist und dabei aber sehr heterogen ausgeprägt ist. Mit Lernaufgaben können studentische Selbstlernphasen unterstützt werden, wenn sie Anforderungen an die Lernergebnisse offenlegen, Vorwissen aktivieren und die Aufmerksamkeit auf relevante Fachinhalte richten (vgl. Kapp & Proske 2013). Für ein aktives Selbststudium benötigen Studierende aber Unterstützung durch Lehrende, die sie in ihrem Lernprozess begleiten; auch und gerade in räumlich distanten Formaten. Dazu gehört insbesondere, Anlässe zur Kommunikation und Interaktion zu schaffen, Kontakt zu halten und Lernfortschritte zu thematisieren. Die lernförderliche Wirkung entfalten semesterbegleitende Aufgaben für Studierende in Verbindung mit Rückmeldungen durch die Lehrenden, die sich sowohl auf fachliche Aspekte als auch auf das Lernen selbst beziehen. Fristen und Termine sollten dabei individuell und für alle zugänglich gestaltet und gemeinsam verabredet werden.

Asynchrone Selbstlerneinheiten können im Anschluss an Feed_In Befragungen gezielt von Lehrenden geplant und die zugehörigen Lernaufgaben bedarfsgerecht entwickelt werden. Eine aktive Auseinandersetzung mit unterschiedlichen Modellen zur Gestaltung aktiven Selbststudiums kann die Planung der Lehre unterstützen.

Unsere Literaturempfehlung:

Norbert Landwehr und Elisabeth Müller (Begleitetes Selbststudium: Didaktische Grundlagen und Umsetzungshilfen) unterscheiden verschiedene Formen des Selbststudiums, finden begriffliche Klärungen, didaktische Herausforderungen und skizzieren unterschiedliche Modelle. Anschließend beschreiben sie ausführlich wie Selbstlernphasen für Studierende geplant und begleitet werden können. Von integrierten Lernaufgaben, über skriptenbasiertes Selbststudium bis hin zu echten Auftragsprojekten werden insgesamt acht Verlaufsmodelle charakterisiert, ihr Einsatz begründet, Gelingensbedingungen formuliert und deren Umsetzung praxisorientiert beschrieben.

12 Nachwort: Weiter geht's ...

Liebe*r Leser*in, statt einer Zusammenfassung oder eines Ausblicks auf die vielen Dinge, die noch behandelt werden könnten, laden wir Sie ein, uns zu besuchen. Wir haben auf der Webseite des Zentrums für Kompetenzentwicklung für Diversity Management in Studium und Lehre an Hochschulen (www.komdim.de) eine Rubrik eingerichtet, in der wir konkrete Tools und Tipps für den Lehralltag sammeln. Dort finden Sie u.a. auch Informationen zum Universal Design of Learning, einem sehr umfassenden Ansatz, der Lehrenden hilft, möglichst flexible und damit inklusive Curricula zu entwickeln und gleichzeitig auch Entscheidungen im Tagesgeschäft der Lehre zu treffen. Sie finden dort auch weitere Verweise auf verschiedene Ressourcen mit viel Hintergrundmaterial. Wir würden uns freuen, wenn Sie davon profitieren und würden uns auch freuen zu erfahren, was Sie für Ihren Lehralltag noch interessieren würde.

Besuchen Sie uns unter

https://www.komdim.de/lehralltag

Wir freuen uns auf Sie!

Herzlich
Nicole Auferkorte-Michaelis und Frank Linde

13 Literaturverzeichnis

Aehnelt, Robert (2013): Historische Schritte auf dem Weg zur Inklusion. Online verfügbar unter https://commons.wikimedia.org/wiki/File:Schritte_zur_Inklusion.svg (abgerufen am 20.8.2020).

Adamczyk, Gregor (2015): Storytelling. Mit Geschichten überzeugen. 2. Aufl., Freiburg, Haufe.

Adler, Nancy (2008): International Dimensions of Organizational Behavior. 5. Aufl. Mason, OH, Thomson.

Alexander, Kira M. & Schofield, Janet Ward (2006): Stereotype Threat: Wie Reaktionen von SchülerInnen auf wahrgenommene negative Stereotype ihre Leistungen beeinträchtigen. In: Schofield, Janet Ward (Hrsg.in): Migrationshintergrund, Minderheitenzugehörigkeit und Bildungserfolg. Forschungsergebnisse der pädagogischen, Entwicklungs- und Sozialpsychologie. Berlin, S. 15-46. Online verfügbar unter https://nbn-resolving.org/urn:nbn:de:0168-ssoar-114194 (abgerufen am 30.6.2020).

Ambrose, Susan A.; Bridges, Michael W.; DiPietro, Michele; Lovett, Marsha C. & Norman, Marie K. (2010): How Learning Works. Seven Research-Based Principles for Smart Teaching. San Francisco, CA, Jossey-Bass.

Argote, Linda; Gruenfeld, Deborah H. & Naquin, Charles (2000). Group Learning in Organizations. In: Turner, Marlene E. (Hrsg.in), Groups at work: Theory and Research. New York and London, Routledge, 369-411.

Aronson, Elliot; Wilson, Timothy D. & Akert, Robin M. (2014): Sozialpsychologie. 8. Aufl., Hallbergmoos, Pearson.

Aronson, Joshua; Lustina, Michael J.; Good, Catherine & Keough, Kelli (1999): *Journal of Experimental Social Psychology* (35) 1, S. 29-46.

Auferkorte-Michaelis, Nicole & Haschke, Henning (2020): „Ich gehe online: Wer kommt mit?" - Feed_In Befragungen vor Veranstaltungsbeginn. In: Diversität konkret. Handreichung für das Lehren und Lernen an der Hochschule (2/2020).

Bank, Volker; Ebbers, Ilona & Fischer, Andreas (2011): Lob der Verschiedenheit. Umgang mit Heterogenität in der sozialwissenschaftlichen Bildung. In: Journal of Social Science Education, 10 (2), 3-13.

Barr, Robert B. & Tagg, John (1995): Shift from Teaching to Learning - a New Paradigm for Undergraduated Education. *Change Management*, November/December, 12-26.

Baepler, Paul; Walker, J.D.; Brooks, D. Christopher; Saichaie, Kem & Petersen, Christina I. (2016): A Guide to Teaching in the Active Classroom. History, Research, and Practice. Sterling, VA, Stylus.

Beeler, Kent D. (1991): Graduate Student Adjustment to Academic Life. A Four-Stage Framework. In: *NASPA Journal* 28 (2), 163-171.

Behindertenbeauftragter (2017). Beauftragter der Bundesregierung für die Belange von Menschen mit Behinderungen. Online verfügbar unter https://www.behindertenbeauftragter.de (abgerufen am 17.7.2020).

Belbin, R. Meredith (1993): Team Roles at Work. Oxford, Butterworth-Heinemann.

Belbin, R. Meredith (2010): Management Teams. Why the Succeed or Fail. Oxford, Butterworth-Heinemann.

Biggs, John (2003): Aligning teaching for constructing learning. The Higher Education Academy. Online verfügbar unter: https:// www.heacademy.ac.uk/system/files/resources/id477_aligning_ teaching_for_constructing_learning.pdf (abgerufen am am 07.08.2020).

Biggs, John & Tang, Catherine (1999/2011): Teaching for Quality Learning at University. What the Student does. 4. Aufl. Maidenhead, McGraw Hill.

Bligh, Donald A. (2000): What's the Use of Lectures? First U.S. Edition of the Classic Work on Lecturing. Higher and Adult Education Series, Jossey-Bass education series, Jossey-Bass higher and adult education series, Jossey-Bass publishers, San Francisco, CA, Wiley.

Bloxham, Sue (2009): Marking and Moderation in the UK. False Assumptions and Wasted Resources. In: *Assessment and Evaluation in Higher Education* 34 (2) 209-220.

Bohnet, Iris (2016): What Works. Gender Equality by Design. Cambridge, MA, London, Harvard University Press.

Boud, David (2000): Sustainable Assessment: Rethinking Assessment for the Learning Society. In: *Studies in Continuing Education* 22(2), 151–167.

Brendel, Sabine; Hanke, Ulrike & Macke, Gerd (2019): Kompetenzorientiert lehren an der Hochschule. Band IX in der Reihe Kompetent lehren, herausgegeben von Sabine Brendel. Opladen & Toronto, utb.

Breuer, Pia Alina (2019): Die rechtliche Verankerung von Diversity Management an Hochschulen in Deutschland. Wuppertal. Online verfügbar unter https://nbn-resolving.org/urn:nbn:de:0168-ssoar-65458-2 (abgerufen am 2.7.2020).

Brewer, Marilynn B. (1991): The Social Self. On Being the Same and Different at the Same Time. In: *Personality and Social Psychology Bulletin* 17 (5), 475-482.

Bührmann, Andrea D. (2018): Diversität. socialnet Lexikon. Bonn: socialnet, 02.05.2018. Online verfügbar unter: https://www.socialnet.de/lexikon/Diversitaet, zuletzt geprüft am 07.08.2019.

Buengeler, Claudia & Homan, Astrid C. (2016): Diversity in Teams: Was macht diverse Teams erfolgreich? In: Genkova, Petia & Ringeisen, Tobias (Hrsg.innen): Handbuch Diversity Kompetenz. Band 1: Perspektiven und Anwendungsfelder. Wiesbaden, Springer, 663-677.

Canning, Elizabeth A.; Muenks, Katherine; Green, Dorainne J. & Murphy, Mary C. (2019): STEM Faculty Who Believe Ability is Fixed Have Larger

Racial Achievement Gaps and Inspire Less Student Motivation in Their Classes. In: *Science Advance* 5 (2). Online verfügbar unter https://advances. sciencemag.org/content/5/2/ eaau4734 (abgerufen am 27.6.2020).

Chapman, Elizabeth N.; Kaatz, Anna & Carnes, Molly (2013): Physicians and Implicit Bias. How Doctors may Unwittingly Perpetuate Health Care Disparities. In: *Journal of General Internal Medicine*, 28 (11), 1504-1510.

Clayton-Pedersen, Alma R.; O'Neill, Nancy & McTighe Musil, Caryn (2009): Making excellence inclusive. A Framework for Embedding Diversity and Inclusion into College and Universities' Academic Excellence Mission. (Hrsg.): Association of American Colleges and Universities. Washington DC.

Cohen, Elizabeth G. & Lotan, Rachel A. (2014): Designing Groupwork. Strategies for Heterogeneous Classrooms, New York, Teachers College Press. Four-Stage Rocket online verfügbar unter https://web.stanford.edu/class/ed284/csb/4Stage/4Stage.pdf (abgerufen am 10.7.2020).

Cohn, Ruth (1976): Von der Psychoanalyse zur Themenzentrierten Interaktion. Stuttgart, Klett-Cotta.

Collins, John & Pratt, Daniel D. (2011): The Teaching Perspectives Inventory at 10 Years and 100,000 Respondents: Reliability and Validity of a Teacher Self-Report Inventory. *Adult Education Quarterly*, 61 (4), 358-375.

Cook-Sather, Alison; Bovill, Catherine & Felten, Peter (2014): Engaging Students as Partners in Learning and Teaching. A Guide for Faculty. San Francisco, CA, Jossey-Bass.

Cowan, John & Harding, Alan G. (1986): A Logical Model for Curriculum Development. *British Journal of Educational Technology*, 17 (2), 103-109.

Dellenty, Shaun (2019): Celebrating Difference: A whole-school approach to LGBT+ inclusion. London usw., Bloomsbury Education.

Digital Competence Framework for Educators (DigCompEdu) (2020): Europäischer Rahmen für die Digitale Kompetenz von Lehrenden. Online-Ressource verfügbar unter: https://ec.europa.eu/jrc/en/ digcompedu (abgerufen am 12.10.2020).

Docplayer (o.J.): Teamrollen nach Belbin – Selbsteinschätzung. Online verfügbar unter https://docplayer.org/43691276-Teamrollen-nach-belbin-selbsteinschaetzung.html (abgerufen am 11.7.2020).

DSW (Deutsches Studentenwerk) (o.J. a): „Hätte Stephen Hawking bei uns studieren können?". Online verfügbar unter https://www.studentenwerke.de/de/Interview_best2 (abgerufen am 21.7.2020).

DSW (Deutsches Studentenwerk) (o.J. b): Barrierefreie Hochschule – gesetzliche Grundlagen, Richtlinien und Empfehlungen. Online verfügbar unter https://www.studentenwerke.de/de/content/barrierefreie-hochschule-%E2%80%93-gesetzliche-grundlagen-richtlinien-und-empfehlungen (abgerufen am 21.7.2020).

DSW (Deutsches Studentenwerk) (o.J. c): Landesrechtliche Regelungen: Nachteilsausgleiche und angemessene Vorkehrungen im Studium.

Online verfügbar unter https://www.studentenwerke.de/de/content/landesrechtliche-regelungen-nachteilsausgleiche-im-studium (abgerufen am 21.7.2020).

DSW (Deutsches Studentenwerk) (o.J. d): Hochschuldidaktik. Online verfügbar unter https://www.studentenwerke.de/de/content/hochschuldidaktik (abgerufen am 21.7.2020).

Dubs, Rolf (2006): Besser schriftlich prüfen. Prüfungen valide und zuverlässig durchführen. In: Berendt, Brigitte; Fleischmann, Andreas; Schaper Niclas; Szczyrba Birgit; Wiemer, Matthias & Wildt, Johannes (Hrsg.innen): Neues Handbuch Hochschullehre. Griffmarke H 5.1. Raabe, Berlin, 1-26.

Ecco, Umberto (1977/2010): Wie man eine wissenschaftliche Abschlußarbeit schreibt. Doktor-, Diplom- und Magisterarbeit in den Geistes- und Sozialwissenschaften. 14., unveränderte Aufl. der deutschen Ausgabe. Heidelberg, C.F. Müller UTB.

Edmunds, Sarah; Brown, George (2010): Effective Small Group Learning. AMEE Guide No. 48. In: *Medical Teacher* 32, 715-726.

Epstein, Charlotte (1972): Affective Subjects in the Classroom. Exploring Race, Sex, and Drugs. Scranton, PA, Intext Educational Publications.

Ettl-Huber, Silvia (2014): Storypotenziale, Stories und Storytelling in der Organisationskommunikation. In: Ettl-Huber, Silvia (Hrsg.in): Storytelling in der Organisationskommunikation. Theoretische und empirische Befunde. Wiesbaden, Springer, 9-26.

Ferdman, Bernardo M. & Davidson, Martin N. (2004): A Matter of Difference – Some Learning About Inclusion. Continuing the Dialogue. In: *The Industrial-Organizational Psychologist*, 41 (4), 31-37.

Ferdman, Bernardo M.; Barrera, V.; Allen, A. & Vuong, V. (2009). Inclusive Behavior and the Experience of Inclusion. In: Chung, Beth G. (Hrsg.in): What Makes an Organization Inclusive. Measures, HR Practices and Climate. Symposium Presented at the Annual Meeting of the Academy of Management, Chicago.

Ferdman, Bernardo M. (2010): Teaching Inclusion by Example and Experience. Creating an Inclusive Learning Environment. In: McFeeters, Belinda B.; Hannum, Kelly & Booysen, Lize (Hrsg.Innen): Leading Across Differences. Cases and Perspectives. Facilitator's Guide. San Francisco, CA, Pfeiffer, 37-49.

Ferdman, Bernardo M. (2014): The Practice of Inclusion in Diverse Organizations. Toward a Systemic and Inclusive Framework. In: Ferdman, Bernardo M. & Deane, Barbara R. (Hrsg.innen): Diversity at Work. The Practice of Inclusion. San Francisco, CA, Jossey-Bass, 3-54.

FIBAA (Foundation for International Business Administration Accreditation) (o.J.): Muster Modulbeschreibung. Online verfügbar unter https://www.fibaa.org/fileadmin/uploads/content_uploads/Vorlage_MODULBESCHREIBUNG_Def__innen_HinweiseFIBAA.doc (abgerufen am 25.8.2020).

Friedmann, Joachim (2019): Storytelling – instruktiv versus narrativ. In: *Studium und Lehre, DUZ*, 3/19, 36-39.

Fisseler, Björn (2014): Barrierefreie Hochschuldidaktik. In: Berendt, Brigitte; Fleischmann, Andreas; Schaper Niclas; Szczyrba Birgit; Wiemer, Matthias & Wildt, Johannes (Hrsg.innen): Neues Handbuch Hochschullehre, Griffmarke F4.4. Berlin, Raabe, 81-106.

Gaidosch, Ulrike; Mau-Endres, Birgit; Ufholz, Bernhard & Waas, Lisa (2002): Interkulturelles Kompetenz-und Konflikttraining für den Beruf (IKK). Handout zum Grundlagenseminar. München, bfz Bildungsforschung.

Gaisch, Martina & Aichinger, Regina (2016): Das Diversity Wheel der FH OÖ: Wie die Umsetzung einer ganzheitlichen Diversitätskultur an der Fachhochschule gelingen kann. Tagungsband des 10. Forschungsforums der österreichischen Fachhochschulen, Wien.

Gaisch, Martina & Linde, Frank (2020): Der HEAD CD Frame: Ein ganzheitlicher Zugang zu einem inklusiven Curriculum-Design auf Basis des HEAD Wheels. In: *Diversität Konkret*, 01/2020. Zentrum für Hochschulqualitätsentwicklung der Universität Duisburg-Essen. Online verfügbar unter: https://www.komdim.de/wp-content/uploads/2020/01/DK_2020_01_HeadCDFrame.pdf (abgerufen am 10.6.2020).

Gardenswatz, Lee & Rowe, Anita (1994): Diverse Teams at Work. Capitalizing on the Power of Diversity. Chicago: Irwin Professional Publishing.

Gardenswartz, Lee & Rowe, Anita (1994): Meet Gardenswartz and Rowe. Online verfügbar unter https://www.gardenswartzrowe.com/why-gr/about-us (abgerufen am 19.8.2020).

Gäckle, Annelene (Hrsg.in) (2020): ÜberzeuGENDERe Sprache. Leitfaden für eine geschlechtersensible Sprache. Universität zu Köln. Online verfügbar unter https://gb.uni-koeln.de/e2106/e2113/ e16894/2019_Leitfaden_GendergerechteSprache_19022020_32_Poster_Webausgabe_ger.pdf (abgerufen am 12.6.2020).

Gattermann-Kasper, Maike (2018): Nachteilsausgleich für Studierende mit Beeinträchtigungen. Arbeitshilfe für Beratende. Deutsches Studentenwerk (Hrsg.), Berlin. Online verfügbar unter https:// www.studentenwerke.de/de/content/nachteilsausgleich-f%C3%BCr-studierende-mit-0 (abgerufen am 25.8.2020).

Grießhammer, Rainer & Brohmann, Bettina (2015). Wie Transformationen und gesellschaftliche Innovationen gelingen können. Kurzfassung des Endberichts UFOPLAN-Projekt „Transformationsstrategien und Models of Change für nachhaltigen gesellschaftlichen Wandel.“ Umweltbundesamt (Hrsg.), Dessau-Roßlau. Online verfügbar unter https:// www.umweltbundesamt.de/sites/default/files/medien/376/publikationen/wie_transformationen_und_gesellschaftliche_innovationen_gelingen_koennen.pdf (abgerufen am 19.8.2020).

Grözinger, Gerd; Langholz-Kaiser, Marlene (2018). In: *Forschung & Lehre* (25) 3, 198-200.

Gruber, Hans & Renkl, Alexander (2000): Die Kluft zwischen Wissen und Handeln: Das Problem trägen Wissens. In: Neuweg, Georg Hans (Hrsg.): Wissen - Können - Reflexion. Ausgewählte Verhältnisbestimmungen. Innsbruck, Wie, München, STUDIENVerlag 2000, 155-174.

Haggis, Tamsin (2006): Pedagogies for Diversity: Retaining Critical Challenge Amidst Fears of 'Dumbing Down'. In: *Studies in Higher Education* 31 (5), 521-535.

Hanesworth, Pauline (2015): Embedding Equality and Diversity in the Curriculum: A Model for Learning and Teaching Practitioners. The Higher Education Academy, York.

Hammann, Marcus (2004): Kompetenzentwicklungsmodelle. Merkmale und ihre Bedeutung - dargestellt anhand von Kompetenzen beim Experimentieren. In: *Der mathematische und naturwissenschaftliche Unterricht* 57 (4), 196-203.

Harris, Thomas Anthony (1963): I'm ok – You're ok. A Practical Guide to Transactional Analysis. Harper & Row, New York.

Harrison, David A., Price, Kenneth H. & Bell, Myrtle P. (1998). Beyond Relational Demography: Time and the Effects of Surface- and Deep-Level Diversity on Work Group Cohesion. *The Academy of Management Journal* 41 (1), 96–107.

Hattie, John (2012): Visible Learning for Teachers. Maximizing Impact on Learning. New York, Routledge.

Heckmair, Bernd (2005): Konstruktiv lernen: Projekte und Szenarien für erlebnisintensive Seminare und Workshops. 2. Aufl., Weinheim und Basel, Beltz.

Helmke, Andreas (2012): Unterrichtsqualität und Lehrerprofessionalität. Diagnose, Evaluation und Verbesserung des Unterrichts. 4. Aufl., Seelze-Velber, Friedrich Verlag.

Hermann, Anett (2012): Diversitätsmanagement in Teams. In: Bendl, Regine; Hanappi-Egger, Edeltraud & Hofman, Roswitha (Hrsg.innen): Diversität und Diversitätsmanagement. Wien, facultas.wuv, 265-298.

Hernández, Rosario (2012): Does Continuous Assessment in Higher Education Support Student Learning? In: *Higher Education* 64 (4), 489-502.

Higgins, Richard; Hartley, Peter & Skelton, Alan (2001): Getting the Message Across. The Problem of Communicating Assessment Feedback. In: T*eaching in Higher Education* 6 (2), 269-274.

Hockings, Christine (2010): Inclusive Learning and Teaching in Higher Education: a Synthesis of Research. (Hrsg.): The Higher Education Academy. York, United Kingdom. Online verfügbar unter https://www.heacademy.ac.uk/system/files/inclusive_teaching_and_ learning_in_he_synthesis_200410_0.pdf (abgerufen am 25.08.2020).

Hockings, Christine (2011): Hearing Voices, Creating Spaces: the Craft of the 'Artisan Teacher' in a Mass Higher Education System. In: *Critical Studies in Education*, 52 (2), 191-205.

Hounsell, Dai; Xu, Rui & Tai, Chung Ming (2007): Integrative Assessment. Blending Assignments and Assessments for High-Quality Learning. Guide No. 3. The Quality Assurance Agency for Higher Education, Mansfield.

HRK (Hochschulrektorenkonferenz) (2015): Nexus Impulse für die Praxis. Lernergebnisse praktisch formulieren. Ausgabe 2, 06/2015. Online verfügbar unter https://www.hrk-nexus.de/fileadmin/redaktion/hrk-nexus/07-Downloads/07-02-Publikationen/Lernergebnisse_praktisch_formulieren_01.pdf (abgerufen am 21.8.2020).

HRK (Hochschulrektorenkonferenz) (2016): Nexus Impulse für die Praxis. Digitales Lehren und Lernen. Ausgabe 12/2016. Online verfügbar unter https://www.hrk-nexus.de/fileadmin/redaktion/hrk-nexus/07-Downloads/07-02-Publikationen/Digitales-Lehren-und-Lernen.pdf (abgerufen am 4.8.2020).

Howell, William S. (1982): The Empathic Communicator. Belmont, CAL, Wadsworth.

Janis, Irving (1982): Groupthink. Psychological Studies of Policy Decisions and Fiascoės. New York, Houghton-Mifflin.

Johns, Michael; Schmader, Toni & Martens, Andy (2005): Knowing is Half the Battle. Teaching Stereotype Threat as a Means of Improving Women's Math Performance. *Psychological Science* 16 (3), 175-179.

Journalistinnenbund (2020): Genderleicht, Köln. Online verfügbar unter www.genderleicht.de/bild/ (abgerufen am 5.8.2020).

Kaiser, Ruth & Kaiser, Arnim (2006): Denken trainieren, Lernen optimieren. Metakognition als Schlüsselkompetenz. 2. Aufl., Augsburg, ZIEL.

Kahneman, Daniel (2011): Thinking, Fast and Slow. New York, Farrar, Straus and Giroux.

Katz, Judith H. & Miller, Frederick A. (1996): Coaching Leaders Through Culture Change. In: *Consulting Psychology Journal: Practice and Research* 48 (2), 104–114.

Kapp, Felix & Proske, Antje (2013): Lernaufgaben in der universitären Lehre: Seminarbegleitend, in der Vorlesung oder webbasiert auf Lernplattformen. In: Berendt, Brigitte; Fleischmann, Andreas; Schaper Niclas; Szczyrba Birgit; Wiemer, Matthias & Wildt, Johannes (Hrsg.innen): Neues Handbuch Hochschullehre, Griffmarke C 2.26, Berlin. Raabe.

Kellermann, Gudrun (2014): Leichte und Einfache Sprache - Versuch einer Definition. In: Bundeszentrale für politische Bildung (Hrsg.): Aus Politik und Zeitgeschichte. Bonn. Online verfügbar unter https://www.bpb.de/apuz/179341/leichte-und-einfache-sprache-versuch-einer-definition (abgerufen am 5.8.2020).

Klein, Irene (2011): Gruppen leiten ohne Angst. Themenzentrierte Interaktion (TZI) zum Leiten von Gruppen und Teams. 12. Aufl., Donauwörth, Auer.

Kruger, Justin & Dunning, David (1999): Unskilled and Unaware of it. How Difficulties in Recognizing One's Own Incompetence Lead to Inflated Self-Assessments. In: *Journal of Personality and Social Psychology*, 77 (6), 1121-1134.

Landwehr, Norbert und Müller, Elisabeth (2008): Begleitetes Selbststudium: Didaktische Grundlagen und Umsetzungshilfen, 2. Aufl., Bern, Hep verlag.

Lampert, Marie & Wespe, Rolf (2013): Storytelling für Journalisten. Wie baue ich eine gute Geschichte? Praktischer Journalismus, Bd. 89, 3. Aufl., Köln, Halem.

Leach, Linda (2011): ‚I Treat All Students as Equal': Further and Higher Education Teachers' Responses to Diversity. In: *Journal of Further and Higher Education* 35 (2), 247–263.

Leanne, Shelly (2009). Say it like Obama. The Power of Speaking with Purpose and Vision. New York, McGraw Hill.

Lee, Amy; Williams, Rhiannon & Kilaberia, Rusudan (2012): Engaging Diversity in First-Year College Classrooms. In: *Innovative Higher Education* 37 (3), 199-213.

Lencioni, Patrick M. (2002): The Five Dysfunctions of a Team. A Leadership Fable. San Francisco, CA, Jossey-Bass.

Leszczensky, Michael (2004). Paradigmenwechsel in der Hochschulfinanzierung – die wichtigsten neuen Steuerungsinstrumente. In: *Aus Politik und Zeitgeschichte*, 25, 18-25.

Linde, Frank & Auferkorte-Michaelis, Nicole (2018): Diversität im Lehr-Lerngeschehen. In: Auferkorte-Michaelis, Nicole & Linde, Frank (Hrsg.innen): Diversität Lernen und Lehren. Ein Hochschulbuch. Leverkusen: Barbara Budrich, 17-30. Online verfügbar unter https://shop.budrich-academic.de/produkt/diversitaet-lernen-und-lehren-ein-hochschulbuch/?v=3a52f3c22ed6 (abgerufen am 19.6.2020).

Mannix, Elizabeth & Neale, Margaret A. (2005): What Differences Make a Difference? The Promise and Reality of Diverse Teams in Organizations. In: *Psychological Science in the Public Interest* (6) 2, 31-55. Online verfügbar unter https://journals.sagepub.com/doi/pdf/10.1111/j.1529-1006.2005.00022.x?casa_token=98KMKNwJrpkAAAAA:Y_Ls5MCQjPD0smjwyItASPpp5s6IwvAO3o93zED5dneH9SIk6PvRH9adna_aAUh97JfZoMJ3PGX6 (abgerufen am 3.7.2020).

Manoogian, John III (2016): The Cognitive Bias Codex – 180+ biases. Online verfügbar unter https://commons.wikimedia.org/wiki/ File:The_Cognitive_Bias_Codex_-_180%2B_biases,_designed_by_John_Manoogian_III_(jm3).png (abgerufen am 12.6.2020).

marketraining (2016): Team-Dysfunktionen Selbsteinschätzung. Verfügbar unter http://www.marketraining.ch/files/mt-article/Team-Diagnose-Fragebogen_Dysfunktionen.doc.pdf (abgerufen am 11.7.2020).

Meyer, Hilbert (1987): Unterrichtsmethoden, Bd. 1: Theorieband, 1. Aufl., Scriptor Frankfurt/M. 1987, 12. Aufl., Cornelsen Scriptor Berlin. 2008.

McCall, Leslie (2005): The Complexity of Intersectionality. In: *Journal of Women in Culture and Society* 30 (3), 1771–1800.

McGrath, Joseph E.; Berdahl, Jennifer L. & Arrow, Holly (1995): Traits, Expectations, Culture, and Clout. The Dynamics of Diversity in Work

Groups. In: Jackson, Susan E. & Ruderman, Marian N. (Hrsg.innen), Diversity in Work Teams. Research Paradigms for a Changing Workplace. Washington, DC, APA Books, 17-45.

Middendorff, Elke; Apolinarski, Beate; Becker, Karsten; Bornkessel, Philipp; Brandt, Tasso; Heißenberg, Sonja & Poskowsky, Jonas (2017). Die wirtschaftliche und soziale Lage der Studierenden in Deutschland 2016. Zusammenfassung zur 21. Sozialerhebung des Deutschen Studentenwerks - durchgeführt vom Deutschen Zentrum für Hochschul- und Wissenschaftsforschung. Berlin: Bundesministerium für Bildung und Forschung (BMBF). Online verfügbar unter http://www.sozialerhebung.de/archiv/ (abgerufen am 21.7.2020).

Mühlenhoff, Kirsten (2017): „du kannst es nicht mit den Deutschen aufnehmen, vergiss es" - Stereotype Threat und die Auswirkungen auf Bildungsaspirationen von Schülern mit Migrationshintergrund. In: Westphal, Manuela & Kämpfe, Karin (Hrsg.innen), Migration, Bildungsaufstieg und Männlichkeit. Passungsdynamiken zwischen Familie, Schule, Peers und Hochschule. Kassel, kassel university press, 181-227.

Nelson Laird, Thomas F. (2014): Reconsidering the Inclusion of Diversity in the Curriculum. In: *Diversity & Democracy* 17 (4), 572–588. Online verfügbar unter https://www.aacu.org/diversitydemocracy/2014/fall/nelson-laird (abgerufen am 20.8.2020).

Newcomb, Theodore M. (1961): The acquaintance process. New York, Holt, Rinehart, and Winston.

Penn State College of Agricultural Sciences (Hrsg.) (2015): An overview of diversity awareness. Online verfügbar unter https://extension.psu.edu/downloadable/download/sample/sample_id/1927/ (abgerufen am 12.6.2020).

Persike, Malte; Friedrich, Julius-David (2016): Lernen mit digitalen Medien aus Studierendenperspektive. Hg. v. Hochschulforum Digitalisierung. Bonn (Arbeitspapier, 17). Online verfügbar unter https://hochschulforumdigitalisierung.de/sites/default/files/dateien/HFD_AP_Nr_17_Lernen_mit_digitalen_Medien_aus_Studierendenperspektive.pdf (abgerufen am 11.11.2020)

Petko, Dominik (2014): Einführung in die Mediendidaktik. Lehren und Lernen mit digitalen Medien. Weinheim, Beltz.

Pohl, Rüdiger F. (2017) (Hrsg.): Cognitive Illusions. Intriguing Phenomena in Thinking, Judgement and Memory. 2. Auflage. London, Routledge.

Pratt, Daniel D. (1992). Conceptions of teaching. In: *Adult Education Quarterly* 42 (4), 203-220.

Pratt, Daniel D. and Associates. (1998). Five Perspectives on Teaching in Adult and Higher Education. Malabar, FL, Krieger Publishing.

Pratt, Daniel D. (2002): Good Teaching - One Size Fits All? In: Ross-Gordon, Jovita M. (Hrsg.): Contemporary Viewpoints on Teaching Adults Effectively, *New Directions for Adult & Continuing Education, Special Edition,* 93, 5-16.

Pratt, Daniel D., Smulders, Dave and Associates (2016): Five Perspectives on Teaching. Mapping a Plurality of the Good. Malabar, FL, Krieger Publishing.

Price, Margaret; Rust, Chris; O'Donovan, Berry & Handley, Karen (2012): Assessment Literacy. The foundation for Improving Student Learning. Oxford Brookes University, Oxford.

Pronin, Emily; Gilovich, Thomas & Ross, Lee (2004): Objectivity in the Eye ot dht Beholder. Divergent Perceptions of Bias in Self Versus Others. In: *Psychological Review* 111 (3), 781-799.

Reay, Diane; Crozier, Gill & Clayton, John (2010): 'Fitting in' or 'standing out'. Working-Class Students in UK Higher Education. In: *British Educational Research Journal* 36 (1), 107-124.

Reich, Kersten (o.J.) (Hg.): Methodenpool: Gruppenarbeit. Online verfügbar unter http://methodenpool.uni-koeln.de (abgerufen am 30.11.2020).

Reich, Kersten (2014): Inklusive Didaktik. Bausteine für eine inklusive Schule. Weinheim, Basel, Beltz.

Reis, Oliver (2010): Kompetenzorientierte Prüfungen. Wer sind sie und wenn ja, wie viele? In: Terbuyken, Gregor (Hrsg): In Modulen lehren, lernen und prüfen. Herausforderung an die Hochschuldidaktik. Loccumer Protokolle, Bd. 78/09. Evangelische Akademie Loccum, Rehburg-Loccum, 157-183.

Röpke, René; Konert, Johannes; Gallwas, Eduard & Bellhäuser, Henrik (2016): Moodle Peers: Automatisierte Lerngruppenbildung auf Grundlage psychologischer Merkmalausprägungen in E-Learning-Systemen. In: Lucke, Ulrike et al. (Hrsg.innen): DeLFI 2016. Die 14. E-Learning Fachtagung Informatik. Bonn, Köllen, 233-244.

Ruokonen-Engler, Minna-Kristiina (2013): Chancengleichheit durch gezielte Förderung? Zur Bedeutung diversitätsgerechter Förderangebote im Bildungssystem am Beispiel von Studierenden mit Migrationshintergrund. (Hrsg.innen): Goethe Universität Frankfurt am Main: VIELFALT an Hochschulen entdecken, fördern, nutzen. Handlungsempfehlungen für diversitätssensible Mentoring-Projekte an Hochschulen, 145–164.

Schaper, Niclas (2012): Fachgutachten zur Kompetenzorientierung in Studium und Lehre. Ausgearbeitet für die HRK unter Mitarbeit von Oliver Reis, Johannes Wildt, Eva Horvath und Elena Bender. Online verfügbar unter https://www.hrk-nexus.de/fileadmin/redaktion/hrk-nexus/07-Downloads/07-02-Publikationen/fachgutachten_kompetenzorientierung_Schaper.pdf (abgerufen am 4.8.2020).

Schön, Sandra; Ebner, Martin & Schön, Martin (2016). Verschmelzung von digitalen und analogen Lehr-und Lernformaten. Arbeitspapier Nr. 25. Berlin, Hochschulforum Digitalisierung.

Schofield, Janet Ward & Alexander, Kira Marie (2012): Stereotype Threat, Erwartungseffekte und organisatorische Differenzierung: Schulische Leistungsbarrieren und Ansätze zu ihrer Überwindung. In: Fürstenau, Sara

& Gomolla, Mechtild (Hrsg.innen): Migration und schulischer Wandel: Leistungsbeurteilung. Wiesbaden, VS Verlag für Sozialwissenschaften, 65–87.

Schulmeister, Rolf; Metzger, Christiane & Martens, Thomas (2012): Heterogenität und Studienerfolg. Lehrmethoden für Lerner mit unterschiedlichem Lernverhalten, Paderborner Universitätsreden (Bd. 123). Universität Paderborn, Paderborn. Online verfügbar unter https://de.scribd.com/document/93044944/Schulmeister-Metzger-Martens-2012-Heterogenitaet-Pur (abgerufen am 20.8.2020).

Schuppener, Saskia; Goldbach, Anne & Bock, Bettina M. (2019): Leichte Sprache - ein Mittel zur Barrierefreiheit? In: Bosse, Ingo; Schluchter, Jan-René & Zorn, Isabel (Hrsg.innen): Handbuch Inklusion und Medienbildung. Weinheim, Basel, Beltz, 216-222.

Shraw, Gregory (1998): Promoting General Metacognitive Awareness. In: *Instructional Science* (26) 1-2, 113–125.

Spencer, Steven J.; Steele, Claude M. & Quinn, Diane M. (1999): Stereotype Threat and Women's Math Performance. In: *Journal of Experimental Social Psychology* 35 (1), S. 4-28.

Steele, Claude M. (2010). Whistling Vivaldi: How Stereotypes Affect Us and What We Can Do. New York, W.W. Norton & Co.

Steele, Claude M. & Aronson, J. (1995): Stereotype Threat and the Intellectual Test Performance of African Americans. In: *Journal of Personality and Social Psychology* 69 (5), 797–811.

Stahr, Ingeborg (2009): Academic Staff Development: Entwicklung von Lehrkompetenz, in: Schneider, Ralf u.a. (Hrsg.innen): Wandel der Lehr- und Lernkultur an Hochschulen. Blickpunkt Hochschuldidaktik, Bd. 120, Bielefeld, 70-87.

Thomas, Liz & May, Helen (2010): Inclusive Learning and Teaching in Higher Education. (Hrsg.innen): The Higher Education Academy. York, United Kingdom. Online verfügbar unter https://www.heacademy.ac.uk/system/files/inclusivelearningandteaching_finalreport.pdf (abgerufen am 25.08.2020).

Thomas, R. Roosevelt (1996): Redefining Diversity. New York, American Management Association.

Tucholsky, Kurt (1975): Ratschläge für einen schlechten Redner. In: Gesammelte Werke in 10 Bänden, Band 8 (1930). Herausgegeben von Mary Gerold-Tucholsky und Fritz J. Raddatz. Reinbek bei Hamburg, Rowohlt, 290-292.

Uhlmann, Eric Luis & Cohen, Geoffry L. (2007): "I think it, therefore it's true": Effects of Self-Percieved Objectivity on Hiring Discrimination. In: *Organizational Behavior and Humand Decision Processes* 104 (2), 207-223.

UN General Assembly (2015). #Envision2030: 17 goals to transform the world for persons with disabilities. Online verfügbar unter https://www.un.org/development/desa/disabilities/envision2030.html (abgerufen am 19.8.2020).

Universität zu Köln (2020). Leitfaden „ÜberzeuGENDERe Sprache“, 6. Aufl. Online verfügbar unter https://gb.uni-koeln.de/gendersensible_sprache/index_ger.html (abgerufen am 6.8.2020).

van der Blij, Maria; Boon, Jo; van Lieshout, Herman; Schafer, Hans & Schrijen, J. M. H. (2002): Competentieprofielen: over schillen en knoppen [e-Competence profiles], Digitale Universiteit, Utrecht.

Van Dick, Rolf & Stegmann, Sebastian (2016): Diversity, Social Identity und Diversitätsüberzeugungen. In: Genkova, Petia & Ringeisen, Tobias (Hrsg.innen): Handbuch Diversity Kompetenz. Band 1: Perspektiven und Anwendungsfelder. Wiesbaden, Springer, 3-15.

Van Knippenberg, Daan & Schippers, Michaela, C. (2007): Work Group Diversity. In: *Annual Review of Psychology* (58), 515-541. Online verfügbar unter https://www.annualreviews.org/doi/abs/10.1146/annurev.psych.58.110405.085546 (abgerufen am 3.7.2020).

Viebahn, Peter (2008): Lernerverschiedenheit und soziale Vielfalt im Studium. Differentielle Hochschuldidaktik aus psychologischer Sicht. Buchreihen und Hefte aus Forschung und Praxis, Reihe 2, Motivierendes Lehren und Lernen in Hochschulen: Praxisanregungen, Bd. 8., Bielefeld, Webler.

Viebahn, Peter (2010): Differentielle Hochschuldidaktik. Strategien des konstruktiven Umgangs mit Lernerverschiedenheit im Hochschulunterricht. In: Berendt, Brigitte; Fleischmann, Andreas; Schaper Niclas; Szczyrba Birgit; Wiemer, Matthias & Wildt, Johannes (Hrsg.innen): Neues Handbuch Hochschullehre, Griffmarke B1.7. Berlin, Raabe, 1-30.

Vygotsky, Lew S. (1978): Mind in Society. The Development of Higher Psychological Processes. Cambridge, Mass., Harvard University Press.

Walgenbach, Katharina (2017): Heterogenität – Intersektionalität – Diversity in der Erziehungswissenschaft. 2. Aufl., Wien usw., utb.

Walzik, Sebastian (2012) Kompetenzorientiert prüfen. Leistungsbewertung an der Hochschule in Theorie und Praxis. UTB Schlüsselkompetenzen, Bd. 3. Opladen, Budrich.

Waterfield, Judith & West, Bob (2006): Inclusive Assessment in Higher Education. A Resource for Change. University of Plymouth, Plymouth. Online verfügbar unter https://www.plymouth.ac.uk/uploads/production/document/path/3/3026/Space_toolkit.pdf (abgerufen am 25.8.2020).

Weinert, Franz E. (1987): Introduction and Overview: Metacognition and Motivation as Determinants of Effective Learning and Understanding. In Weinert, Franz E. & Kluwe, Rainer H. (Hrsg.): Metacognition, Motivation, and Understanding. Hillsdale, NJ, Lawrence Erlbaum Associates, 4-12.

Weinert, Franz E. (2001): Concept of Competence. A Conceptual Clarification. In: Rychen, Dominque S. & Salganik, Laura H. (Hrsg.innen): Defining and Selecting Key Competencies, Ashland, OH, 45–65.

Weiss, Matthias & Hoegl, Martin (2015): The History of Teamwork's Societal Diffusion. A Multi-Method Review. In: *Small Group Research* 46 (6), 589-622.

Wenger, Etienne (1998): Communities of Practice. Learning, Meaning, and Identity. Cambridge, Mass., Cambridge University Press.

West, Candace & Fenstermaker, Sarah (1995): Doing Difference. In: *Gender & Society* 9 (1), 8-37.

Wex, Peter (2012): Selbsttäuschung der Universitäten: Das leere Versprechen der Kompetenzenprüfung. Online verfügbar unter http://www.faz.net/aktuell/feuilleton/forschung-und-lehre/selbsttaeuschung-deruniversitaeten-das-leere-versprechen-der-kompetenzen-pruefung-11910676.html (abgerufen am 25.08.2020).

Wildt, Johannes (1985). Zum Umgang mit Heterogenität: Didaktische Modelle für den Studienanfang. In: Welzel, Andreas (Hrsg.): Heterogenität oder Elite. Hochschuldidaktische Perspektiven für den Übergang Schule - Hochschule. Blickpunkt Hochschuldidaktik, Band 78. Weinheim & Basel, Beltz, 92-115.

Wildt, Johannes (2006): Kompetenzen als Learning Outcomes. In: *Journal Hochschuldidaktik*, 17 (1), 6–9.

Williams, Katherine Y. & O'Reilly, Charles, A., III (1998): Demography and Diversity in Organizations: A Review of 40 Years of Research. In: Staw, Barry, M. & Cummings, Larry L. (Hrsg.), Research in Organizational Behavior, Vol. 20, Greenwich, CT, JAI Press, S. 77–140.

Woche des Sehens (o.J.): Die Simulationsfilme der Woche des Sehens. Online verfügbar unter https://www.woche-des-sehens.de/infothek/filme/die-simulationsfilme-der-woche-des-sehens (abgerufen am 21.7.2020).